THE

HIPPOLYTUS OF EURIPIDES

THE

HIPPOLYTUS OF EURIPIDES

With Brief Notes for Young Students.

BY

F. A. PALEY, M.A.

GYAN

Published by

GYAN

Gyan Publishing House
5, Ansari Road
Daryaganj, New Delhi-110002
Phone: 011-47034999, 9811692060
E-mail: books@gyanbooks.com

Distribution Network
gyanbooks.com
India, USA, Canada, UK, Australia

ISBN: 978-81-212-8422-6 (HB)
First Published, 1853

2nd Impression 2024

Printed at: Gyan Press, Delhi.

THE HIPPOLYTUS OF EURIPIDES
Author: EURIPIDES, Contributor: F. A. PALEY

THE
HIPPOLYTUS OF EURIPIDES.

THE

HIPPOLYTUS OF EURIPIDES.

With Brief Notes for Young Students.

BY

F. A. PALEY, M.A.

CLASSICAL EXAMINER TO THE UNIVERSITY OF LONDON.

CAMBRIDGE:
DEIGHTON, BELL, AND CO.
LONDON: WHITTAKER AND CO., G. BELL AND SONS.
1876.

INTRODUCTION.

THIS play was entitled Στεφανίας or Στεφανηφόρος[1], from the incident of Hippolytus offering a chaplet of flowers to the statue of his patron goddess Artemis (v. 73), and to distinguish it from another and earlier[2] play called Ἱππόλυτος καλυπτόμενος, in which the body of the youth was covered as it was brought on the stage by attendants. This was rather a second edition or improvement on the other than a new play or another portion of a trilogy. The former play appears, from many passages in Aristophanes[3], to have been attacked for the immorality of the characters drawn by the poet, especially that of Phaedra. In the present play he corrected what was amiss or deserving of blame in the former[4], and certainly he has produced a great work of art, not inferior, perhaps, to any extant work of the tragics[5].

We learn from the *didascaliae*, or stage-records preserved in the Argument, that the play was brought out in the archonship of Epameinon, Ol. 87. 4, or B.C. 429, the

[1] Similarly the *Ajax* of Sophocles was called μαστιγοφόρος from the whip with which the hero beat the cattle in his madness, v. 242.

[2] Argum. (from the didascaliae), ἐμφαίνεται δὲ ὕστερος γεγραμμένος, i.e. the Στεφανηφόρος.

[3] Thesm. 153, 497, 547, 550. Ran. 850, 1043.

[4] Argum. τὸ ἀπρεπὲς καὶ κατηγορίας ἄξιον ἐν τούτῳ διώρθωταί τῷ δράματι.

[5] τὸ δὲ δρᾶμα τῶν πρώτων, Argum. This means, not that the play is one of the poet's earliest, but that it is one of his best,—of the first class, as we say; or possibly, 'one of those which obtained the first prize.' In the Ὑπόθεσις to the Andromache we read τὸ δὲ δρᾶμα τῶν δευτέρων, and in that to the Orestes τὸ δρᾶμα τῶν ἐπὶ σκηνῆς εὐδοκιμούντων.

year of Pericles' death. Euripides gained the first prize, Iophon, the son of Sophocles, the second, and Ion (of Chios) the third. The scene is laid at Troezen, which in the time of Theseus was an appanage of Athens[1], and the chorus consists of young married Troezenian ladies[2].

The play is remarkable, not only as recording a legend or tradition known to us in other narratives[3], of the triumph of chastity over temptation, but as containing Orphic doctrines, which appear to have inculcated, among other ascetic exercises[4], the merit and virtue of absolute continence[5]. The moral of the play tends rather to show the danger of rejecting the natural gifts of the gods, and slighting their prerogatives. It was from his presumptuous disregard of the goddess of love that Hippolytus met with his untimely fate[6]. In order to attain her end, she had inspired Phaedra, the daughter of the Cretan king Minos, and the wife of Theseus, with a secret passion for Hippolytus, who was the illegitimate son of Theseus by an Amazon called Antiope. She pines and abstains from food till her friends are seriously alarmed at her condition. The real cause of her malady, after some hesitation, is avowed to the nurse, who, desirous only of saving her mistress' life, and not much concerned about the morality of the proceeding, endeavours, without the knowledge or concurrence of Phaedra, to bring about a meeting between the two. Hippolytus is shocked at the proposal, and utters indignant reproaches against the whole race of women. Nevertheless, as he is under an oath of secrecy, extorted from him by the nurse, he resists the natural impulse of his honourable mind to reveal the whole affair to his father[7]. Phaedra, little thinking that the nurse had left her in order

[1] See v. 1158. (Of course this is legend and not history.)

[2] vv. 165—70. 710, παῖδες εὐγενεῖς Τροιζήνιαι.

[3] E. g. that of Bellerophon and the wife of Proetus, in Il. VI. 160 seqq., that of Joseph and Potiphar's wife, Gen. xxxix.; and Fielding's character of 'Joseph Andrews.'

[4] See v. 952.

[5] See v. 1006, compared with 73 seqq.

[6] vv. 21, 48, 1400—2. In this sense, the 'Hippolytus' may be compared with the 'Bacchae.'

[7] v. 658.

to inform Hippolytus of her love, sees no escape from disgrace but by suicide. Before executing her purpose, she composes a letter to Theseus (then absent from Troezen for the purpose of consulting the oracle), and makes a formal charge against Hippolytus of having had designs for her seduction. Theseus, enraged at the supposed baseness of his son, whose defence he regards as mixed falsehood and hypocrisy, utters against him a curse, one of three which his father Poseidon had promised should be effective against his enemies. Accordingly, as he is leaving Troezen in a car, accompanied by his friends, who escort him to the confines of the land from which he has been banished for ever by Theseus, a sea-monster appears, sent by Poseidon, and so scares the spirited steeds that they overturn the car on the rocky shore, and Hippolytus is fatally hurt. He survives long enough to be reconciled to his father, and to take leave of his devoted friend and companion in the chase, the virgin-goddess Artemis.

There is much that is touching as well as instructive in this beautiful story. Hippolytus, if not devoid of a kind of pedantry, is a pure-minded youth, brought up with a religious horror of sin, and with so tender a conscience that he had rather bear the false charge against him than violate an oath which, under the circumstances, he feels is hardly of moral obligation[1]. This drama therefore is a eulogy of *σωφροσύνη* and *εὐσέβεια*. The Orphic and Pythagorean philosophy inculcated the doctrine of a future judgment[2], and the reward of virtue and self-denial in this life. There is a strong sentiment in man that such is really his destiny[3]; and to the pagan mind heroic honours after death[4] and a happy abode in Elysium were the fulfilment of this aspiration.

[1] v. 612.

[2] Pind. Ol. ii. 58, *τὰ δ' ἐν τᾷδε Διὸς ἀρχᾷ ἀλιτρὰ κατὰ γᾶς δικάζει τις.* Aesch. Suppl. 226, *κἀκεῖ δικάζει τἀπλακήμαθ', ὡς λόγος Ζεὺς ἄλλος ἐν καμοῦσιν ὑστάτας δίκας.* Compare the beautiful character of young Jason, brought up in innocence with Chiron's daughters, Pind. Pyth. iv. 103.

[3] Hor. Od. iii. 17, 21, 'Quanto quisque sibi plura negaverit, a dis plura feret.'

[4] See v. 1423.—Pausan. ii. 32. 1, 'Ἱππολύτῳ τῷ Θησέως τέμενός τε ἐπι-

The legend of Hippolytus' death is perhaps adapted to the name, which seems to have come from the Amazonian Queen Hippolyte[1]. He is the *Virbius* of Roman myth[2], the spectral hunter who frequents the darksome woods with the Cretan Artemis Dictynna[3]. It was said that as a reward for his virtue he was restored to life by Aesculapius, who was blasted for his presumption by a thunderbolt from Zeus[4].

A contrast seems intended by the poet between the violence of Phaedra's passion which she was unable to resist[5], and the strong self-control of Hippolytus. The following elegant epigram[6] expresses this fact, which ought not to escape the reader's attention in estimating the character of Phaedra:

> Σωφροσύνη καὶ Ἔρως κατεναντίον ἀλλήλοισιν
> ἐλθόντες ψυχὰς ὤλεσαν ἀμφότεροι.
> Φαίδρην μὲν κτεῖνεν πυρόεις πόθος Ἱππολύτοιο,
> Ἱππόλυτον δ' ἁγνὴ πέφνε σαοφροσύνη.

With the Roman poets Hippolytus was the typical hero of self-restraint. Thus Propertius describes a *lena* as so seductive that she could make even an Hippolytus go astray[7].

We must bear in mind moreover that the Greeks thought suicide,—in a good cause, at least,—highly honourable[8], and that of falsehood they took a very lenient view. The fault often brought against Phaedra, of wrongly accusing Hippolytus, was due to the natural resentment of

φανέστατον ἀνεῖται, καὶ ναὸς ἐν αὐτῷ καὶ ἄγαλμά ἐστιν ἀρχαῖον. Ibid. iii. 12, 9.

[1] vv. 351, 581.

[2] Virg. Aen. vii. 766. Ovid. Fast. iii. 265, vi. 756.

[3] This story, like that of Endymion, arose from the apparent contact of the moon with the earth at the horizon. See the note on v. 745.

[4] Alcest. 3. Aesch. Ag. 992. Virg. Aen. vii. 770. Pausan. ii. 27. 4.

[5] v. 1034, ἐσωφρόνησεν οὐκ ἔχουσα σωφρονεῖν, 'she was wise in dying when she could no longer control her love.'

[6] Anthol. Gr. ix. 132.

[7] Propert. v. 5, 5, Docta vel Hippolytum Veneri mollire negantem.

[8] Especially that by the sword; see Eur. Hel. 299. Troad. 1012.

a woman who thought herself both slighted and disgraced[1]. She had feared to face Theseus, and she had sought for a plea which would excuse her in his eyes. She had resolved that, if they could not live together, they should die together.

It is really difficult to estimate too highly the merits of this fine play. All the characters, rightly understood, are true to nature: and it is only because motives are superficially viewed that the adverse criticisms of Aristophanes have found any favour[2]. Phaedra prefers death to dishonour, the nurse prefers her mistress' life to her morals, and so counsels the indulgence of a passion which she thinks may remain concealed[3]; Hippolytus prefers virtue to sensual pleasures placed within his grasp. Not less natural is the hasty anger of Theseus, which was pardonable under his terrible mistake, and which is amply atoned for by his remorse in the touching scene of mutual forgiveness and reconciliation at the close of a play, which deserves, if any play ever did, the name of a genuine Tragedy.

[1] Juvenal well understood this, Sat. x. 328,

Mulier saevissima tunc est,
Quum stimulos odio pudor admovet.

A poet has to deal with *a legend*, which he is not at liberty to alter, but can only treat in the most natural manner that the circumstances allow of.

[2] He may indeed have referred to the former play, the Ἱππ. καλυπτόμενος. But he parodies a line from the present play (345) in Equit. 16, which was brought out only five years later.

[3] v. 462—466.

ΤΑ ΤΟΥ ΔΡΑΜΑΤΟΣ ΠΡΟΣΩΠΑ.

ΑΦΡΟΔΙΤΗ.

ΙΠΠΟΛΥΤΟΣ.

ΘΕΡΑΠΟΝΤΕΣ.

ΧΟΡΟΣ ΤΡΟΙΖΗΝΙΩΝ ΓΥΝΑΙΚΩΝ.

ΤΡΟΦΟΣ.

ΦΑΙΔΡΑ.

ΑΓΓΕΛΟΣ.

ΘΗΣΕΥΣ.

ΕΞΑΓΓΕΛΟΣ.

ΑΡΤΕΜΙΣ.

ΕΥΡΙΠΙΔΟΥ ΙΠΠΟΛΥΤΟΣ.

ΑΦΡΟΔΙΤΗ.

Πολλὴ μὲν ἐν βροτοῖσι κοὐκ ἀνώνυμος
θεὰ κέκλημαι Κύπρις, οὐρανοῦ τ' ἔσω,
ὅσοι τε πόντου τερμόνων τ' Ἀτλαντικῶν
ναίουσιν εἴσω φῶς ὁρῶντες ἡλίου,
τοὺς μὲν σέβοντας τἀμὰ πρεσβεύω κράτη,
σφάλλω δ' ὅσοι φρονοῦσιν εἰς ἡμᾶς μέγα.
ἔνεστι γὰρ δὴ κἀν θεῶν γένει τόδε,
τιμώμενοι χαίρουσιν ἀνθρώπων ὕπο.
δείξω δὲ μύθων τῶνδ' ἀλήθειαν τάχα·
ὁ γάρ με Θησέως παῖς, Ἀμαζόνος τόκος,
Ἱππόλυτος, ἁγνοῦ Πιτθέως παιδεύματα,
μόνος πολιτῶν τῆσδε γῆς Τροιζηνίας
λέγει κακίστην δαιμόνων πεφυκέναι.
ἀναίνεται δὲ λέκτρα κοὐ ψαύει γάμων·
Φοίβου δ' ἀδελφὴν Ἄρτεμιν, Διὸς κόρην,
τιμᾷ, μεγίστην δαιμόνων ἡγούμενος·
χλωρὰν δ' ἀν' ὕλην παρθένῳ ξυνὼν ἀεὶ
κυσὶν ταχείαις θῆρας ἐξαιρεῖ χθονὸς,
μείζω βροτείας προσπεσὼν ὁμιλίας.
τούτοισι μὲν νῦν οὐ φθονῶ· τί γάρ με δεῖ;
ἃ δ' εἰς ἔμ' ἡμάρτηκε τιμωρήσομαι
Ἱππόλυτον ἐν τῇδ' ἡμέρᾳ· τὰ πολλὰ δὲ
πάλαι προκόψασ', οὐ πόνου πολλοῦ με δεῖ.
ἐλθόντα γάρ νιν Πιτθέως ποτ' ἐκ δόμων
σεμνῶν ἐς ὄψιν καὶ τέλη μυστηρίων
Πανδίονος γῆν πατρὸς εὐγενὴς δάμαρ
ἰδοῦσα Φαίδρα καρδίαν κατείχετο
ἔρωτι δεινῷ τοῖς ἐμοῖς βουλεύμασι.
καὶ πρὶν μὲν ἐλθεῖν τήνδε γῆν Τροιζηνίαν,

πέτραν παρ' αὐτὴν Παλλάδος κατόψιον
γῆς τῆσδε ναὸν Κύπριδος ἐγκαθείσατο,
ἐρῶσ' ἔρωτ' ἔκδημον· Ἱππολύτῳ δ' ἔπι
τὸ λοιπὸν ὠνόμαζεν ἱδρῦσθαι θεάν.
ἐπεὶ δὲ Θησεὺς Κεκροπίαν λείπει χθόνα,
μίασμα φεύγων αἵματος Παλλαντιδῶν,
καὶ τήνδε σὺν δάμαρτι ναυστολεῖ χθόνα,
ἐνιαυσίαν ἔκδημον αἰνέσας φυγήν,
ἐνταῦθα δὴ στένουσα κἀκπεπληγμένη
κέντροις ἔρωτος ἡ τάλαιν' ἀπόλλυται
σιγῇ· ξύνοιδε δ' οὔτις οἰκετῶν νόσον.
ἀλλ' οὔτι ταύτῃ τόνδ' ἔρωτα χρὴ πεσεῖν·
δείξω δὲ Θησεῖ πρᾶγμα, κἀκφανήσεται.
καὶ τὸν μὲν ἡμῖν πολέμιον πεφυκότα
κτενεῖ πατὴρ ἀραῖσιν, ἃς ὁ πόντιος
ἄναξ Ποσειδῶν ὤπασεν Θησεῖ γέρας,
μηδὲν μάταιον ἐς τρὶς εὔξασθαι θεῷ.
ἡ δ' εὐκλεὴς μέν, ἀλλ' ὅμως ἀπόλλυται,
Φαίδρα· τὸ γὰρ τῆσδ' οὐ προτιμήσω κακὸν
τὸ μὴ οὐ παρασχεῖν τοὺς ἐμοὺς ἐχθροὺς ἐμοὶ
δίκην τοσαύτην ὥστ' ἐμοὶ καλῶς ἔχειν.
ἀλλ' εἰσορῶ γὰρ τόνδε παῖδα Θησέως
στείχοντα, θήρας μόχθον ἐκλελοιπότα,
Ἱππόλυτον, ἔξω τῶνδε βήσομαι τόπων.
πολὺς δ' ἅμ' αὐτῷ προσπόλων ὀπισθόπους
κῶμος λέλακεν, Ἄρτεμιν τιμῶν θεὰν
ὕμνοισιν· οὐ γὰρ οἶδ' ἀνεῳγμένας πύλας
Ἅιδου φάος τε λοίσθιον βλέπων τόδε.

ΙΠΠΟΛΥΤΟΣ.

ἕπεσθ' ᾄδοντες ἕπεσθε
τὰν Διὸς οὐρανίαν
Ἄρτεμιν, ᾇ μελόμεσθα.

ΘΕΡΑΠΟΝΤΕΣ.

πότνια πότνια, σεμνοτάτα, Ζανὸς γένεθλον,

χαῖρε χαῖρέ μοι, ὦ κόρα
Λατοῦς Ἄρτεμι καὶ Διὸς,
καλλίστα πολὺ παρθένων,
ἃ μέγαν κατ' οὐρανὸν
ναίεις εὐπατέρειαν αὐλὰν,
Ζανὸς πολύχρυσον οἶκον.

ΙΠ. χαῖρέ μοι, ὦ καλλίστα,
καλλίστα τῶν κατ' Ὄλυμπον
παρθένων, Ἄρτεμι.
σοὶ τόνδε πλεκτὸν στέφανον ἐξ ἀκηράτου
λειμῶνος, ὦ δέσποινα, κοσμήσας φέρω,
ἔνθ' οὔτε ποιμὴν ἀξιοῖ φέρβειν βοτὰ
οὔτ' ἦλθέ πω σίδηρος, ἀλλ' ἀκήρατον
μέλισσα λειμῶν' ἠρινὸν διέρχεται·
Αἰδὼς δὲ ποταμίαισι κηπεύει δρόσοις.
ὅσοις διδακτὸν μηδὲν, ἀλλ' ἐν τῇ φύσει
τὸ σωφρονεῖν εἴληχεν ἐς τὰ πάνθ' ὁμῶς,
τούτοις δρέπεσθαι, τοῖς κακοῖσι δ' οὐ θέμις.
ἀλλ', ὦ φίλη δέσποινα, χρυσέας κόμης
ἀνάδημα δέξαι χειρὸς εὐσεβοῦς ἄπο.
μόνῳ γάρ ἐστι τοῦτ' ἐμοὶ γέρας βροτῶν·
σοὶ καὶ ξύνειμι καὶ λόγοις ἀμείβομαι,
κλύων μὲν αὐδὴν, ὄμμα δ' οὐχ ὁρῶν τὸ σόν.
τέλος δὲ κάμψαιμ' ὥσπερ ἠρξάμην βίου.

ΘΕ. ἄναξ, θεοὺς γὰρ δεσπότας καλεῖν χρεὼν,
ἆρ' ἄν τί μου δέξαιο βουλεύσαντος εὖ;

ΙΠ. καὶ κάρτα γ'· ἦ γὰρ οὐ σοφοὶ φαινοίμεθ' ἄν.

ΘΕ. οἶσθ' οὖν βροτοῖσιν ὃς καθέστηκεν νόμος;

ΙΠ. οὐκ οἶδα· τοῦ δὲ καί μ' ἀνιστορεῖς πέρι;

ΘΕ. μισεῖν τὸ σεμνὸν καὶ τὸ μὴ πᾶσιν φίλον.

ΙΠ. ὀρθῶς γε· τίς δ' οὐ σεμνὸς ἀχθεινὸς βροτῶν;

ΘΕ. ἐν δ' εὐπροσηγόροισιν ἔστι τις χάρις;

ΙΠ. πλείστη γε, καὶ κέρδος γε σὺν μόχθῳ βραχεῖ.

ΘΕ. ἦ κἀν θεοῖσι ταυτὸν ἐλπίζεις τόδε;

ΙΠ. εἴπερ γε θνητοὶ θεῶν νόμοισι χρώμεθα.

ΘΕ. πῶς οὖν σὺ σεμνὴν δαίμον' οὐ προσεννέπεις;

ΙΠ. τίν'; εὐλαβοῦ δὲ μή τι σὸν σφαλῇ στόμα.
ΘΕ. τήνδ' ἣ πύλαισι σαῖς ἐφέστηκεν Κύπρις.
ΙΠ. πρόσωθεν αὐτὴν ἁγνὸς ὢν ἀσπάζομαι.
ΘΕ. σεμνή γε μέντοι κἀπίσημος ἐν βροτοῖς.
ΙΠ. ἄλλοισιν ἄλλος θεῶν τε κἀνθρώπων μέλει.
ΘΕ. εὐδαιμονοίης, νοῦν ἔχων ὅσον σε δεῖ.
ΙΠ. οὐδείς μ' ἀρέσκει νυκτὶ θαυμαστὸς θεῶν.
ΘΕ. τιμαῖσιν, ὦ παῖ, δαιμόνων χρῆσθαι χρεών.
ΙΠ. χωρεῖτ', ὀπαδοί, καὶ παρελθόντες δόμους
σίτων μέλεσθε· τερπνὸν ἐκ κυναγίας
τράπεζα πλήρης· καὶ καταψήχειν χρεὼν
ἵππους, ὅπως ἂν ἅρμασι ζεύξας ὕπο
βορᾶς κορεσθεὶς γυμνάσω τὰ πρόσφορα·
τὴν σὴν δὲ Κύπριν πόλλ' ἐγὼ χαίρειν λέγω.
ΘΕ. ἡμεῖς δέ, τοὺς νέους γὰρ οὐ μιμητέον,
φρονοῦντες οὕτως ὡς πρέπει δούλοις λέγειν,
προσευχόμεσθα τοῖσι σοῖς ἀγάλμασι,
δέσποινα Κύπρι. χρὴ δὲ συγγνώμην ἔχειν,
εἴ τίς σ', ὑφ' ἥβης σπλάγχνον ἔντονον φέρων,
μάταια βάζει· μὴ δόκει τούτων κλύειν·
σοφωτέρους γὰρ χρὴ βροτῶν εἶναι θεούς.

ΧΟΡΟΣ.

Ὠκεανοῦ τις ὕδωρ στάζουσα πέτρα λέγεται στρ. α'.
βαπτὰν κάλπισι ῥυτὰν
παγὰν προϊεῖσα κρημνῶν,
ὅθι μοί τις ἦν φίλα,
φάρεα πορφύρεα
ποταμίᾳ δρόσῳ
τέγγουσα, θερμᾶς δ' ἐπὶ νῶτα πέτρας
εὐαλίου κατέβαλλ'· ὅθεν μοι
πρώτα φάτις ἦλθε δέσποιναν
τειρομέναν νοσερᾷ κοίτᾳ δέμας ἐντὸς ἔχειν ἀντ. α'.
οἴκων, λεπτὰ δὲ φάρη
ξανθὰν κεφαλὰν σκιάζειν.
τριτάταν δέ νιν κλύω

τάνδε κατ' ἀμβροσίου
στόματος ἀμέραν
Δάματρος ἀκτᾶς δέμας ἁγνὸν ἴσχειν,
κρυπτῷ πάθει θανάτου θέλουσαν
κέλσαι ποτὶ τέρμα δύστανον.
σὺ †γὰρ ἔνθεος, ὦ κούρα, στρ. β'.
εἴτ' ἐκ Πανὸς εἴθ' Ἑκάτας
ἢ σεμνῶν Κορυβάντων
φοιτᾷς, ἢ ματρὸς ὀρείας.
σὺ δ' ἀμφὶ τὰν πολύθηρον
Δίκτυνναν ἀμπλακίαις
ἀνίερος ἀθύτων πελάνων τρύχει.
φοιτᾷ γὰρ καὶ διὰ λίμνας
χέρσον θ' ὑπὲρ πελάγους
δίναισιν νοτίας ἅλμας.
ἢ πόσιν, τὸν Ἐρεχθειδᾶν ἀντ. β'.
ἀρχαγὸν, τὸν εὐπατρίδαν,
ποιμαίνει τις ἐν οἴκοις
κρυπτᾷ κοίτᾳ λεχέων σῶν;
ἢ ναυβάτας τις ἔπλευσεν
Κρήτας ἔξορμος ἀνὴρ
λιμένα τὸν εὐξεινότατον ναύταις,
φάμαν πέμπων βασιλείᾳ,
λύπᾳ δ' ὑπὲρ παθέων
εὐναία δέδεται ψυχάν;
φιλεῖ δὲ τᾷ δυστρόπῳ γυναικῶν ἐπῳδ.
ἁρμονίᾳ κακὰ δύστανος ἀμαχανία συνοικεῖν
ὠδίνων κε καὶ ἀφροσύνας.
δι' ἐμᾶς ᾖξέν ποτε νηδύος ἅδ' αὔρα·
τὰν δ' εὔλοχον οὐρανίαν τόξων μεδέουσαν ἀΰτευν
Ἄρτεμιν,
καί μοι πολυζήλωτος ἀεὶ σὺν θεοῖσι φοιτᾷ.
ἀλλ' ἥδε τροφὸς γεραιὰ πρὸ θυρῶν
τήνδε κομίζουσ' ἔξω μελάθρων·
στυγνὸν δ' ὀφρύων νέφος αὐξάνεται.
τί ποτ' ἔστι μαθεῖν ἔραται ψυχὰ,

τί δεδήληται
δέμας ἀλλόχροον βασιλείας.

ΤΡΟΦΟΣ.

ὦ κακὰ θνητῶν στυγεραί τε νόσοι.
τί σ᾽ ἐγὼ δράσω; τί δὲ μὴ δράσω;
τόδε σοι φέγγος λαμπρὸν, ὅδ᾽ αἰθήρ·
ἔξω δὲ δόμων ἤδη νοσερᾶς
δέμνια κοίτης.
δεῦρο γὰρ ἐλθεῖν πᾶν ἔπος ἦν σοι·
τάχα δ᾽ ἐς θαλάμους σπεύσεις τὸ πάλιν.
ταχὺ γὰρ σφάλλει κοὐδενὶ χαίρεις,
οὐδέ σ᾽ ἀρέσκει τὸ παρὸν, τὸ δ᾽ ἀπὸν
φίλτερον ἡγεῖ.
κρεῖσσον δὲ νοσεῖν ἢ θεραπεύειν·
τὸ μέν ἐστιν ἁπλοῦν, τῷ δὲ συνάπτει
λύπη τε φρενῶν χερσίν τε πόνος.
πᾶς δ᾽ ὀδυνηρὸς βίος ἀνθρώπων,
κοὐκ ἔστι πόνων ἀνάπαυσις·
ἀλλ᾽ ὅ τι τοῦ ζῆν φίλτερον ἄλλο
σκότος ἀμπίσχων κρύπτει νεφέλαις.
δυσέρωτες δὴ φαινόμεθ᾽ ὄντες
τοῦδ᾽, ὅτι τοῦτο στίλβει κατὰ γῆν,
δι᾽ ἀπειροσύνην ἄλλου βιότου
κοὐκ ἀπόδειξιν τῶν ὑπὸ γαίας·
μύθοις δ᾽ ἄλλως φερόμεσθα.

ΦΑΙΔΡΑ.

αἴρετέ μου δέμας, ὀρθοῦτε κάρα·
λέλυμαι μελέων σύνδεσμα, φίλαι.
λάβετ᾽ εὐπήχεις χεῖρας, πρόπολοι.
βαρύ μοι κεφαλᾶς ἐπίκρανον ἔχειν·
ἄφελ᾽, ἀμπέτασον βόστρυχον ὤμοις.
ΤΡ. θάρσει, τέκνον, καὶ μὴ χαλεπῶς
μετάβαλλε δέμας.
ῥᾷον δὲ νόσον μετά θ᾽ ἡσυχίας
καὶ γενναίου λήματος οἴσεις·

μοχθεῖν δὲ βροτοῖσιν ἀνάγκη.
ΦΑ. αἰαῖ·
πῶς ἂν δροσερᾶς ἀπὸ κρηνῖδος
καθαρῶν ὑδάτων πῶμ' ἀρυσαίμαν,
ὑπό τ' αἰγείροις ἔν τε κομήτῃ
λειμῶνι κλιθεῖσ' ἀναπαυσαίμαν.
ΤΡ. ὦ παῖ, τί θροεῖς;
οὐ μὴ παρ' ὄχλῳ τάδε γηρύσει,
μανίας ἔποχον ῥίπτουσα λόγον;
ΦΑ. πέμπετέ μ' εἰς ὄρος· εἶμι πρὸς ὕλαν
καὶ παρὰ πεύκας, ἵνα θηροφόνοι
στείβουσι κύνες,
βαλιαῖς ἐλάφοις ἐγχριμπτομένα·
πρὸς θεῶν, ἔραμαι κυσὶ θωΰξαι,
καὶ παρὰ χαίταν ξανθὰν ῥῖψαι
Θεσσαλὸν ὅρπακ', ἐπίλογχον ἔχουσ'
ἐν χειρὶ βέλος.
ΤΡ. τί ποτ', ὦ τέκνον, τάδε κηραίνεις;
τί κυνηγεσίων καὶ σοὶ μελέτη;
τί δὲ κρηναίων νασμῶν ἔρασαι;
πάρα γὰρ δροσερὰ πύργοις συνεχὴς
κλιτὺς, ὅθεν σοι πῶμα γένοιτ' ἄν.
ΦΑ. δέσποιν' ἁλίας Ἄρτεμι Λίμνας
καὶ γυμνασίων τῶν ἱπποκρότων,
εἴθε γενοίμαν ἐν σοῖς δαπέδοις,
πώλους Ἐνέτας δαμαλιζομένα.
ΤΡ. τί τόδ' αὖ παράφρων ἔρριψας ἔπος;
νῦν δὴ μὲν ὄρος βᾶσ' ἐπὶ θήρας
πόθον ἐστέλλου, νῦν δ' αὖ ψαμάθοις
ἐπ' ἀκυμάντοις πώλων ἔρασαι.
τάδε μαντείας ἄξια πολλῆς,
ὅστις σε θεῶν ἀνασειράζει
καὶ παρακόπτει φρένας, ὦ παῖ.
ΦΑ. δύστανος ἐγὼ, τί ποτ' εἰργασάμαν;
ποῖ παρεπλάγχθην γνώμας ἀγαθᾶς;
ἐμάνην, ἔπεσον δαίμονος ἄτᾳ.

φεῦ φεῦ, τλάμων.
μαῖα, πάλιν μου κρύψον κεφαλάν·
αἰδούμεθα γὰρ τὰ λελεγμένα μοι.
κρύπτε· κατ' ὄσσων δάκρυ μοι βαίνει,
καὶ ἐπ' αἰσχύναν ὄμμα τέτραπται.
τὸ γὰρ ὀρθοῦσθαι γνώμαν ὀδυνᾷ,
τὸ δὲ μαινόμενον κακόν· ἀλλὰ κρατεῖ
μὴ γιγνώσκοντ' ἀπολέσθαι.
ΤΡ. κρύπτω· τὸ δ' ἐμὸν πότε δὴ θάνατος
σῶμα καλύψει;
πολλὰ διδάσκει μ' ὁ πολὺς βίοτος.
χρῆν γὰρ μετρίας εἰς ἀλλήλους
φιλίας θνητοὺς ἀνακίρνασθαι,
καὶ μὴ πρὸς ἄκρον μυελὸν ψυχῆς,
εὔλυτα δ' εἶναι στέργηθρα φρενῶν,
ἀπό τ' ὤσασθαι καὶ ξυντεῖναι.
τὸ δ' ὑπὲρ δισσῶν μίαν ὠδίνειν
ψυχὴν χαλεπὸν βάρος, ὡς κἀγὼ
τῆσδ' ὑπεραλγῶ.
βιότου δ' ἀτρεκεῖς ἐπιτηδεύσεις
φασὶ σφάλλειν πλέον ἢ τέρπειν,
τῇ θ' ὑγιείᾳ μᾶλλον πολεμεῖν.
οὕτω τὸ λίαν ἧσσον ἐπαινῶ
τοῦ μηδὲν ἄγαν·
καὶ ξυμφήσουσι σοφοί μοι.
ΧΟ. γύναι γεραιά, βασιλίδος πιστὴ τροφὲ
Φαίδρας, ὁρῶμεν τάσδε δυστήνους τύχας·
ἄσημα δ' ἡμῖν ἥτις ἐστὶν ἡ νόσος·
σοῦ δ' ἂν πυθέσθαι καὶ κλύειν βουλοίμεθ' ἄν.
ΤΡ. οὐκ οἶδ' ἐλέγχουσ'· οὐ γὰρ ἐννέπειν θέλει.
ΧΟ. οὐδ' ἥτις ἀρχὴ τῶνδε πημάτων ἔφυ;
ΤΡ. ἐς ταυτὸν ἥκεις· πάντα γὰρ σιγᾷ τάδε.
ΧΟ. ὡς ἀσθενεῖ τε καὶ κατέξανται δέμας.
ΤΡ. πῶς δ' οὔ, τριταίαν γ' οὖσ' ἄσιτος ἡμέραν;
ΧΟ. πότερον ὑπ' ἄτης, ἢ θανεῖν πειρωμένη;
ΤΡ. θανεῖν· ἀσιτεῖ δ' εἰς ἀπόστασιν βίου.

ΧΟ. θαυμαστὸν εἶπας, εἰ τάδ' ἐξαρκεῖ πόσει.
ΤΡ. κρύπτει γὰρ ἥδε πῆμα κοὔ φησιν νοσεῖν.
ΧΟ. ὁ δ' ἐς πρόσωπον οὐ τεκμαίρεται βλέπων;
ΤΡ. ἔκδημος ὢν γὰρ τῆσδε τυγχάνει χθονός.
ΧΟ. σὺ δ' οὐκ ἀνάγκην προσφέρεις, πειρωμένη
νόσον πυθέσθαι τῆσδε καὶ πλάνον φρενῶν;
ΤΡ. ἐς πᾶν ἀφῖγμαι κοὐδὲν εἴργασμαι πλέον·
οὐ μὴν ἀνήσω γ' οὐδὲ νῦν προθυμίας,
ὡς ἂν παροῦσα καὶ σύ μοι ξυμμαρτυρῇς
οἵα πέφυκα δυστυχοῦσι δεσπόταις.
ἄγ', ὦ φίλη παῖ, τῶν πάροιθε μὲν λόγων
λαθώμεθ' ἄμφω, καὶ σύ θ' ἡδίων γενοῦ,
στυγνὴν ὀφρὺν λύσασα καὶ γνώμης ὁδὸν,
ἐγώ θ' ὅπῃ σοι μὴ καλῶς τόθ' εἱπόμην
μεθεῖσ', ἐπ' ἄλλον εἶμι βελτίω λόγον.
κεἰ μὲν νοσεῖς τι τῶν ἀπορρήτων κακῶν,
γυναῖκες αἵδε συγκαθιστάναι νόσον.
εἰ δ' ἔκφορός σοι συμφορὰ πρὸς ἄρσενας,
λέγ', ὡς ἰατροῖς πρᾶγμα μηνυθῇ τόδε.
εἶεν· τί σιγᾷς; οὐκ ἐχρῆν σιγᾶν, τέκνον,
ἀλλ' ἤ μ' ἐλέγχειν, εἴ τι μὴ καλῶς λέγω,
ἢ τοῖσιν εὖ λεχθεῖσι συγχωρεῖν λόγοις.
φθέγξαι τι· δεῦρ' ἄθρησον· ὢ τάλαιν' ἐγώ.
γυναῖκες, ἄλλως τούσδε μοχθοῦμεν πόνους,
ἴσον δ' ἄπεσμεν τῷ πρίν· οὔτε γὰρ τότε
λόγοις ἐτέγγεθ' ἥδε νῦν τ' οὐ πείθεται.
ἀλλ' ἴσθι μέντοι, πρὸς τάδ' αὐθαδεστέρα
γίγνου θαλάσσης, εἰ θανεῖ, προδοῦσα σοὺς
παῖδας, πατρῴων μὴ μεθέξοντας δόμων,
μὰ τὴν ἄνασσαν ἱππίαν Ἀμαζόνα,
ἣ σοῖς τέκνοισι δεσπότην ἐγείνατο
νόθον, φρονοῦντα γνήσι', οἶσθά νιν καλῶς,
Ἱππόλυτον. ΦΑ. οἴμοι. ΤΡ. θιγγάνει σέθεν τόδε;
ΦΑ. ἀπώλεσάς με, μαῖα, καί σε πρὸς θεῶν
τοῦδ' ἀνδρὸς αὖθις λίσσομαι σιγᾶν πέρι.
ΤΡ. ὁρᾷς; φρονεῖς μὲν εὖ, φρονοῦσα δ' οὐ θέλεις

παῖδάς τ' ὀνῆσαι καὶ σὸν ἐκσῶσαι βίον.
ΦΑ. φιλῶ τέκν'· ἄλλῃ δ' ἐν τύχῃ χειμάζομαι.
ΤΡ. ἁγνὰς μὲν, ὦ παῖ, χεῖρας αἵματος φέρεις;
ΦΑ. χεῖρες μὲν ἁγναὶ, φρὴν δ' ἔχει μίασμά τι.
ΤΡ. μῶν ἐξ ἐπακτοῦ πημονῆς ἐχθρῶν τινός;
ΦΑ. φίλος μ' ἀπόλλυσ' οὐχ ἑκοῦσαν οὐχ ἑκών.
ΤΡ. Θησεύς τιν' ἡμάρτηκεν ἔς σ' ἁμαρτίαν;
ΦΑ. μὴ δρῶσ' ἔγωγ' ἐκεῖνον ὀφθείην κακῶς.
ΤΡ. τί γὰρ τὸ δεινὸν τοῦθ' ὅ σ' ἐξαίρει θανεῖν;
ΦΑ. ἔα μ' ἁμαρτεῖν· οὐ γὰρ ἐς σ' ἁμαρτάνω.
ΤΡ. οὐ δῆθ' ἑκοῦσά γ', ἐν δὲ σοὶ λελείψομαι.
ΦΑ. τί δρᾷς; βιάζει χειρὸς ἐξαρτωμένη.
ΤΡ. καὶ σῶν γε γονάτων οὐ μεθήσομαί ποτε.
ΦΑ. κάκ', ὦ τάλαινα, σοὶ τάδ', εἰ πεύσει, κακά.
ΤΡ. μεῖζον γὰρ ἢ σοῦ μὴ τυχεῖν τί μοι κακόν;
ΦΑ. ὀλεῖ· τὸ μέντοι πρᾶγμ' ἐμοὶ τιμὴν φέρει.
ΤΡ. κἄπειτα κρύπτεις χρήσθ' ἱκνουμένης ἐμοῦ;
ΦΑ. ἐκ τῶν γὰρ αἰσχρῶν ἐσθλὰ μηχανώμεθα.
ΤΡ. οὐκοῦν λέγουσα τιμιωτέρα φανεῖ.
ΦΑ. ἄπελθε πρὸς θεῶν, δεξιάν τ' ἐμὴν μέθες.
ΤΡ. οὐ δῆτ', ἐπεί μοι δῶρον οὐ δίδως ὃ χρῆν.
ΦΑ. δώσω· σέβας γὰρ χειρὸς αἰδοῦμαι τὸ σόν.
ΤΡ. σιγῷμ' ἂν ἤδη· σὸς γὰρ οὑντεῦθεν λόγος.
ΦΑ. ὦ τλῆμον, οἷον, μῆτερ, ἠράσθης ἔρον.
ΤΡ. ὃν ἔσχε ταύρου, τέκνον, ἢ τί φῂς τόδε;
ΦΑ. σύ τ', ὦ τάλαιν' ὅμαιμε, Διονύσου δάμαρ.
ΤΡ. τέκνον, τί πάσχεις; συγγόνους κακορροθεῖς.
ΦΑ. τρίτη δ' ἐγὼ δύστηνος ὡς ἀπόλλυμαι.
ΤΡ. ἔκ τοι πέπληγμαι· ποῖ προβήσεται λόγος;
ΦΑ. ἐκεῖθεν ἡμεῖς οὐ νεωστὶ δυστυχεῖς.
ΤΡ. οὐδέν τι μᾶλλον οἶδ' ἃ βούλομαι κλύειν.
ΦΑ. φεῦ·
πῶς ἂν σύ μοι λέξειας ἁμὲ χρὴ λέγειν.
ΤΡ. οὐ μάντις εἰμὶ τἀφανῆ γνῶναι σαφῶς.
ΦΑ. τί τοῦθ' ὃ δὴ λέγουσιν ἀνθρώπους ἐρᾶν;
ΤΡ. ἥδιστον, ὦ παῖ, ταυτὸν ἀλγεινόν θ' ἅμα.

ΦΑ. ἡμεῖς ἂν εἶμεν θατέρῳ κεχρημένοι.
ΤΡ. τί φῄς; ἐρᾷς, ὦ τέκνον, ἀνθρώπων τινός;
ΦΑ. ὅστις ποθ' οὗτός ἐσθ' ὁ τῆς Ἀμαζόνος.
ΤΡ. Ἱππόλυτον αὐδᾷς; ΦΑ. σοῦ τάδ', οὐκ ἐμοῦ κλύεις.
ΤΡ. οἴμοι, τί λέξεις, τέκνον; ὥς μ' ἀπώλεσας.
γυναῖκες, οὐκ ἀνασχέτ', οὐκ ἀνέξομαι
ζῶσ'· ἐχθρὸν ἦμαρ, ἐχθρὸν εἰσορῶ φάος.
ῥίψω, μεθήσω σῶμ'· ἀπαλλαχθήσομαι
βίου θανοῦσα· χαίρετ'· οὐκέτ' εἴμ' ἐγώ.
οἱ σώφρονες γὰρ οὐχ ἑκόντες, ἀλλ' ὅμως
κακῶν ἐρῶσι. Κύπρις οὐκ ἄρ' ἦν θεὸς,
ἀλλ' εἴ τι μεῖζον ἄλλο γίγνεται θεοῦ,
ἣ τήνδε κἀμὲ καὶ δόμους ἀπώλεσεν.
ΧΟ. ἄϊες ὤ, ἔκλυες ὢ ἀνήκουστα τᾶς στρ.
τυράννου πάθεα μέλεα θρεομένας.
ὀλοίμαν ἔγωγε, πρὶν σᾶν, φίλα,
κατανύσαι φρενῶν. ἰώ μοι, φεῦ φεῦ.
ὦ τάλαινα τῶνδ' ἀλγέων·
ὦ πόνοι τρέφοντες βροτούς·
ὄλωλας, ἐξέφηνας ἐς φάος κακά.
τίς σε παναμέριος ὅδε χρόνος μένει;
τελευτάσεταί τι καινὸν δόμοις.
ἄσημα δ' οὐκέτ' ἐστὶν οἷ φθίνει τύχα
Κύπριδος, ὦ τάλαινα παῖ Κρησία.
ΦΑ. Τροιζήνιαι γυναῖκες, αἳ τόδ' ἔσχατον
οἰκεῖτε χώρας Πελοπίας προνώπιον,
ἤδη ποτ' ἄλλως νυκτὸς ἐν μακρῷ χρόνῳ
θνητῶν ἐφρόντισ' ᾗ διέφθαρται βίος.
καί μοι δοκοῦσιν οὐ κατὰ γνώμης φύσιν
πράσσειν κάκιον, ἔστι γὰρ τό γ' εὖ φρονεῖν
πολλοῖσιν, ἀλλὰ τῇδ' ἀθρητέον τόδε·
τὰ χρήστ' ἐπιστάμεσθα καὶ γιγνώσκομεν,
οὐκ ἐκπονοῦμεν δ' οἱ μὲν ἀργίας ὕπο,
οἱ δ' ἡδονὴν προθέντες ἀντὶ τοῦ καλοῦ
ἄλλην τιν'. εἰσὶ δ' ἡδοναὶ πολλαὶ βίου,
μακραί τε λέσχαι καὶ σχολὴ, τερπνὸν κακὸν,

αἰδώς τε. δισσαὶ δ' εἰσίν· ἡ μὲν οὐ κακή,
ἡ δ' ἄχθος οἴκων. εἰ δ' ὁ καιρὸς ἦν σαφής,
οὐκ ἂν δύ' ἤτην ταὔτ' ἔχοντε γράμματα.
ταῦτ' οὖν ἐπειδὴ τυγχάνω προγνοῦσ' ἐγώ,
οὐκ ἔσθ' ὁποίῳ φαρμάκῳ διαφθερεῖν
ἔμελλον, ὥστε τοὔμπαλιν πεσεῖν φρενῶν.
λέξω δὲ καὶ σοὶ τῆς ἐμῆς γνώμης ὁδόν·
ἐπεί μ' ἔρως ἔτρωσεν, ἐσκόπουν ὅπως
κάλλιστ' ἐνέγκαιμ' αὐτόν. ἠρξάμην μὲν οὖν
ἐκ τοῦδε σιγᾶν τήνδε καὶ κρύπτειν νόσον.
γλώσσῃ γὰρ οὐδὲν πιστὸν, ἣ θυραῖα μὲν
φρονήματ' ἀνδρῶν νουθετεῖν ἐπίσταται,
αὐτὴ δ' ὑφ' αὑτῆς πλεῖστα κέκτηται κακά.
τὸ δεύτερον δὲ τὴν ἄνοιαν εὖ φέρειν
τῷ σωφρονεῖν νικῶσα προὐνοησάμην.
τρίτον δ', ἐπειδὴ τοῖσιν οὐκ ἐξήνυτον
Κύπριν κρατῆσαι, κατθανεῖν ἔδοξέ μοι
κράτιστον· οὐδεὶς ἀντερεῖ βουλεύμασιν.
ἐμοὶ γὰρ εἴη μήτε λανθάνειν καλὰ
μήτ' αἰσχρὰ δρώσῃ μάρτυρας πολλοὺς ἔχειν.
τὸ δ' ἔργον ᾔδη τὴν νόσον τε δυσκλεᾶ,
γυνή τε πρὸς τοῖσδ' οὖσ' ἐγίγνωσκον καλῶς,
μίσημα πᾶσιν. ὡς ὄλοιτο παγκάκως
ἥτις πρὸς ἄνδρας ἤρξατ' αἰσχύνειν λέχη
πρώτη θυραίους· ἐκ δὲ γενναίων δόμων
τόδ' ἦρξε θηλείαισι γίγνεσθαι κακόν.
ὅταν γὰρ αἰσχρὰ τοῖσιν ἐσθλοῖσιν δοκῇ,
ἦ κάρτα δόξει τοῖς κακοῖς εἶναι καλά.
μισῶ δὲ καὶ τὰς σώφρονας μὲν ἐν λόγοις,
λάθρα δὲ τόλμας οὐ καλὰς κεκτημένας.
αἳ πῶς ποτ', ὦ δέσποινα ποντία Κύπρι,
βλέπουσιν ἐς πρόσωπα τῶν ξυνευνετῶν,
οὐδὲ σκότον φρίσσουσι τὸν ξυνεργάτην
τέρεμνά τ' οἴκων μή ποτε φθογγὴν ἀφῇ;
ἡμᾶς γὰρ αὐτὸ τοῦτ' ἀποκτείνει, φίλαι,
ὡς μήποτ' ἄνδρα τὸν ἐμὸν αἰσχύνασ' ἁλῶ,

μὴ παῖδας οὓς ἔτικτον· ἀλλ' ἐλεύθεροι
παρρησίᾳ θάλλοντες οἰκοῖεν πόλιν
κλεινῶν Ἀθηνῶν, μητρὸς οὕνεκ' εὐκλεεῖς.
δουλοῖ γὰρ ἄνδρα, κἂν θρασύσπλαγχνός τις ᾖ,
ὅταν ξυνειδῇ μητρὸς ἢ πατρὸς κακά.
μόνον δὲ τοῦτό φασ' ἁμιλλᾶσθαι βίῳ,
γνώμην δικαίαν κἀγαθὴν, ὅτῳ παρῇ.
κακοὺς δὲ θνητῶν ἐξέφην', ὅταν τύχῃ,
προσθεὶς κάτοπτρον ὥστε παρθένῳ νέᾳ
χρόνος. παρ' οἷσι μήποτ' ὀφθείην ἐγώ.
ΧΟ. φεῦ φεῦ. τὸ σῶφρον ὡς ἁπανταχῇ καλὸν,
καὶ δόξαν ἐσθλὴν ἐν βροτοῖς καρπίζεται.
ΤΡ. δέσποιν', ἐμοί τοι ξυμφορὰ μὲν ἀρτίως
ἡ σὴ παρέσχε δεινὸν ἐξαίφνης φόβον·
νῦν δ' ἐννοοῦμαι φαῦλος οὖσα· κἀν βροτοῖς
αἱ δεύτεραί πως φροντίδες σοφώτεραι.
οὐ γὰρ περισσὸν οὐδὲν οὐδ' ἔξω λόγου
πέπονθας· ὀργαὶ δ' ἐς σ' ἀπέσκηψαν θεᾶς.
ἐρᾷς· τί τοῦτο θαῦμα; σὺν πολλοῖς βροτῶν.
κἄπειτ' ἔρωτος οὕνεκα ψυχὴν ὀλεῖς;
οὔ τἄρα λύει τοῖς ἐρῶσι τῶν πέλας,
ὅσοι τε μέλλουσ', εἰ θανεῖν αὐτοὺς χρεών·
Κύπρις γὰρ οὐ φορητὸν, ἢν πολλὴ ῥυῇ·
ἣ τὸν μὲν εἴκονθ' ἡσυχῇ μετέρχεται,
ὃν δ' ἂν περισσὸν καὶ φρονοῦνθ' εὕρῃ μέγα,
τοῦτον λαβοῦσα πῶς δοκεῖς καθύβρισεν.
φοιτᾷ δ' ἀν' αἰθέρ', ἔστι δ' ἐν θαλασσίῳ
κλύδωνι Κύπρις, πάντα δ' ἐκ ταύτης ἔφυ·
ἥδ' ἐστὶν ἡ σπείρουσα καὶ διδοῦσ' ἔρον,
οὗ πάντες ἐσμὲν οἱ κατὰ χθόν' ἔκγονοι.
ὅσοι μὲν οὖν γραφάς τε τῶν παλαιτέρων
ἔχουσιν, αὐτοί τ' εἰσὶν ἐν μούσαις ἀεὶ,
ἴσασι μὲν Ζεὺς ὥς ποτ' ἠράσθη γάμων
Σεμέλης, ἴσασι δ' ὡς ἀνήρπασέν ποτε
ἡ καλλιφεγγὴς Κέφαλον ἐς θεοὺς Ἕως
ἔρωτος οὕνεκ'· ἀλλ' ὅμως ἐν οὐρανῷ

ναίουσι, κοὐ φεύγουσιν ἐκποδὼν θεούς,
στέργουσι δ', οἶμαι, ξυμφορᾷ νικώμενοι·
σὺ δ' οὐκ ἀνέξει; χρῆν σ' ἐπὶ ῥητοῖς ἄρα
πατέρα φυτεύειν ἢ 'πὶ δεσπόταις θεοῖς
ἄλλοισιν, εἰ μὴ τούσδε γε στέρξεις νόμους.
πόσους δοκεῖς δὴ κάρτ' ἔχοντας εὖ φρενῶν
νοσοῦνθ' ὁρῶντας λέκτρα μὴ δοκεῖν ὁρᾶν;
πόσους δὲ παισὶ πατέρας ἡμαρτηκόσι
ξυνεκκομίζειν Κύπριν; ἐν σοφοῖσι γὰρ
τάδ' ἐστὶ θνητῶν, λανθάνειν τὰ μὴ καλά.
οὐδ' ἐκπονεῖν τοι χρῆν βίον λίαν βροτούς·
οὐδὲ στέγην γάρ, ἧς κατηρεφεῖς δόμοι,
καλῶς ἀκριβώσειαν· ἐς δὲ τὴν τύχην
πεσοῦσ' ὅσην σὺ πῶς ἂν ἐκνεῦσαι δοκεῖς;
ἀλλ' εἰ τὰ πλείω χρηστὰ τῶν κακῶν ἔχεις,
ἄνθρωπος οὖσα κάρτα γ' εὖ πράξειας ἄν.
ἀλλ', ὦ φίλη παῖ, λῆγε μὲν κακῶν φρενῶν,
λῆξον δ' ὑβρίζουσ'· οὐ γὰρ ἄλλο πλὴν ὕβρις
τάδ' ἐστί, κρείσσω δαιμόνων εἶναι θέλειν.
τόλμα δ' ἐρῶσα· θεὸς ἐβουλήθη τάδε.
νοσοῦσα δ' εὖ πως τὴν νόσον καταστρέφου.
εἰσὶν δ' ἐπῳδαὶ καὶ λόγοι θελκτήριοι·
φανήσεταί τι τῆσδε φάρμακον νόσου.
ἦ τἄρ' ἂν ὀψέ γ' ἄνδρες ἐξεύροιεν ἄν,
εἰ μὴ γυναῖκες μηχανὰς εὑρήσομεν.

ΧΟ. Φαίδρα, λέγει μὲν ἥδε χρησιμώτερα
πρὸς τὴν παροῦσαν ξυμφοράν, αἰνῶ δὲ σέ.
ὁ δ' αἶνος οὗτος δυσχερέστερος λόγων
τῶν τῆσδε καὶ σοὶ μᾶλλον ἀλγίων κλύειν.

ΦΑ. τοῦτ' ἔσθ' ὃ θνητῶν εὖ πόλεις οἰκουμένας
δόμους δ' ἀπόλλυσ', οἱ καλοὶ λίαν λόγοι.
οὐ γάρ τι τοῖσιν ὠσὶ τερπνὰ δεῖ λέγειν,
ἀλλ' ἐξ ὅτου τις εὐκλεὴς γενήσεται.

ΤΡ. τί σεμνομυθεῖς; οὐ λόγων εὐσχημόνων
δεῖ σ', ἀλλὰ τἀνδρός. ὡς τάχος διιστέον
τὸν εὐθὺν ἐξειπόντας ἀμφὶ σοῦ λόγον.

εἰ μὲν γὰρ ἦν σοι μὴ 'πὶ συμφοραῖς βίος
τοιαῖσδε, σώφρων δ' οὖσ' ἐτύγχανες γυνή,
οὐκ ἄν ποτ' εὐνῆς οὕνεχ' ἡδονῆς τε σῆς
προῆγον ἄν σε δεῦρο· νῦν δ' ἀγὼν μέγας
σῶσαι βίον σόν, κοὐκ ἐπίφθονον τόδε.
ΦΑ. ὦ δεινὰ λέξασ', οὐχὶ συγκλήσεις στόμα,
καὶ μὴ μεθήσεις αὖθις αἰσχίστους λόγους;
ΤΡ. αἴσχρ', ἀλλ' ἀμείνω τῶν καλῶν τάδ' ἐστί σοι.
κρεῖσσον δὲ τοὔργον, εἴπερ ἐκσώσει γέ σε,
ἢ τοὔνομ', ᾧ σὺ κατθανεῖ γαυρουμένη.
ΦΑ. καὶ μή γε πρὸς θεῶν, εὖ λέγεις γάρ, αἰσχρὰ δέ,
πέρα προβῇς τῶνδ'· ὡς ὑπείργασμαι μὲν εὖ
ψυχὴν ἔρωτι, τᾀσχρὰ δ' ἢν λέγῃς καλῶς,
ἐς τοῦθ' ὃ φεύγω νῦν ἀναλωθήσομαι.
ΤΡ. εἴ τοι δοκεῖ σοι, χρῆν μὲν οὔ σ' ἁμαρτάνειν·
εἰ δ' οὖν, πιθοῦ μοι· δευτέρα γὰρ ἡ χάρις·
ἔστιν κατ' οἴκους φίλτρα μοι θελκτήρια
ἔρωτος, ἦλθε δ' ἄρτι μοι γνώμης ἔσω,
ἅ σ' οὔτ' ἐπ' αἰσχροῖς οὔτ' ἐπὶ βλάβῃ φρενῶν
παύσει νόσου τῆσδ', ἢν σὺ μὴ γένῃ κακή.
δεῖ δ' ἐξ ἐκείνου δή τι τοῦ ποθουμένου
σημεῖον, ἢ λόγον τιν' ἢ πέπλων ἄπο
λαβεῖν, ξυνάψαι τ' ἐκ δυοῖν μίαν χάριν.
ΦΑ. πότερα δὲ χριστὸν ἢ ποτὸν τὸ φάρμακον;
ΤΡ. οὐκ οἶδ'· ὄνασθαι, μὴ μαθεῖν, βούλου, τέκνον.
ΦΑ. δέδοιχ' ὅπως μοι μὴ λίαν φανῇς σοφή.
ΤΡ. πάντ' ἂν φοβηθεῖσ' ἴσθι· δειμαίνεις δὲ τί;
ΦΑ. μή μοί τι Θησέως τῶνδε μηνύσῃς τόκῳ.
ΤΡ. ἔασον, ὦ παῖ· ταῦτ' ἐγὼ θήσω καλῶς·
μόνον σύ μοι, δέσποινα ποντία Κύπρι,
ξυνεργὸς εἴης. τἄλλα δ' οἷ' ἐγὼ φρονῶ
τοῖς ἔνδον ἡμῖν ἀρκέσει λέξαι φίλοις.
ΧΟ. Ἔρως Ἔρως, ὃ κατ' ὀμμάτων στρ. α'.
στάζεις πόθον, εἰσάγων γλυκεῖαν
ψυχᾷ χάριν οὓς ἐπιστρατεύσῃ,
μή μοί ποτε σὺν κακῷ φανείης,

μηδ' ἄρρυθμος ἔλθοις.
οὔτε γὰρ πυρὸς οὔτ'
ἄστρων ὑπέρτερον βέλος,
οἷον τὸ τᾶς Ἀφροδίτας
ἵησιν ἐκ χερῶν
Ἔρως, ὁ Διὸς παῖς.
ἄλλως ἄλλως παρά τ' Ἀλφεῷ ἀντ. α΄.
Φοίβου τ' ἐπὶ Πυθίοις τερέμνοις
βούταν φόνον Ἑλλὰς *αἶ' ἀέξει·
Ἔρωτα δὲ, τὸν τύραννον ἀνδρῶν,
τὸν τᾶς Ἀφροδίτας
φιλτάτων θαλάμων
κληδοῦχον, οὐ σεβίζομεν,
πέρθοντα καὶ διὰ πάσας
ἰόντα συμφορᾶς
θνατοῖς, ὅταν ἔλθῃ.
τὰν μὲν Οἰχαλίᾳ στρ. β΄.
πῶλον, ἄζυγα λέκτρων,
ἄνανδρον τὸ πρὶν καὶ ἄνυμφον, οἴκων
ζεύξασ' ἀπ' εἰρεσίᾳ, δρομάδα
τιν' Ἅϊδος ὥστε βάκχαν,
σὺν αἵματι, σὺν καπνῷ
φοινίοις θ' ὑμεναίοις
Ἀλκμήνας τόκῳ Κύπρις ἐξέδωκεν·
ὦ τλάμων ὑμεναίων.
ὦ Θήβας ἱερὸν ἀντ. β΄.
τεῖχος, ὦ στόμα Δίρκας,
συνείποιτ' ἂν ἁ Κύπρις οἷον ἕρπει.
βροντᾷ γὰρ ἀμφιπύρῳ τοκάδα
τὰν Διογόνοιο Βάκχου
νυμφευσαμέναν πότμῳ
φοινίῳ κατέπαυσεν.
δεινὰ γὰρ τὰ πάντ' ἐπιπνεῖ, μέλισσα δ'
οἵα τις πεπόταται.

ΦΑ. σιγήσατ', ὦ γυναῖκες· ἐξειργάσμεθα.
ΧΟ. τί δ' ἔστι, Φαίδρα, δεινὸν ἐν δόμοισι σοῖς;

ΦΑ. ἐπίσχετ', αὐδὴν τῶν ἔσωθεν ἐκμάθω.
ΧΟ. σιγῶ· τὸ μέντοι φροίμιον κακὸν τόδε.
ΦΑ. ἰώ μοί μοι, αἰαῖ.
ὦ δυστάλαινα τῶν ἐμῶν παθημάτων.
ΧΟ. τίνα θροεῖς αὐδάν; τίνα βοᾷς λόγον;
ἔνεπε τίς φοβεῖ σε φάμα, γύναι, φρένας ἐπίσσυτος.
ΦΑ. ἀπωλόμεσθα. ταῖσδ' ἐπιστᾶσαι πύλαις
ἀκούσαθ' οἷος κέλαδος ἐν δόμοις πίτνει.
ΧΟ. σὺ παρὰ κλῇθρα· σοὶ μέλει πομπίμα φάτις
δωμάτων.
ἔνεπε δ' ἔνεπέ μοι τί ποτ' ἔβα κακόν.
ΦΑ. ὁ τῆς φιλίππου παῖς Ἀμαζόνος βοᾷ
Ἱππόλυτος, αὐδῶν δεινὰ πρόσπολον κακά.
ΧΟ. ἀχὰν μὲν κλύω, σαφὲς δ' οὐκ ἔχω γεγωνεῖν ὅπα.
διὰ πύλας ἔμολεν ἔμολε σοὶ βοά.
ΦΑ. καὶ μὴν σαφῶς γε τὴν κακῶν προμνήστριαν,
τὴν δεσπότου προδοῦσαν ἐξαυδᾷ λέχος.
ΧΟ. ὤμοι ἐγὼ κακῶν. προδέδοσαι, φίλα.
τί σοι μήσομαι; τὰ κρύπτ' ἄρα πέφηνε, διὰ δ'
ὄλλυσαι.
ΦΑ. αἰαῖ, αἰαῖ.
ΧΟ. πρόδοτος ἐκ φίλων.
ΦΑ. ἀπώλεσέν μ' εἰποῦσα συμφορὰς ἐμὰς,
φίλως, καλῶς δ' οὐ τήνδ' ἰωμένη νόσον.
ΧΟ. πῶς οὖν; τί δράσεις, ὦ παθοῦσ' ἀμήχανα;
ΦΑ. οὐκ οἶδα πλὴν ἕν, κατθανεῖν ὅσον τάχος
τῶν νῦν παρόντων πημάτων ἄκος μόνον.
ΙΠ. ὦ γαῖα μῆτερ ἡλίου τ' ἀναπτυχαὶ,
οἵων λόγων ἄρρητον εἰσήκουσ' ὄπα.
ΤΡ. σίγησον, ὦ παῖ, πρίν τιν' αἰσθέσθαι βοῆς.
ΙΠ. οὐκ ἔστ' ἀκούσας δείν' ὅπως σιγήσομαι.
ΤΡ. ναὶ πρός σε τῆς σῆς δεξιᾶς εὐωλένου.
ΙΠ. οὐ μὴ προσοίσεις χεῖρα μηδ' ἅψει πέπλων;
ΤΡ. ὦ πρός σε γονάτων, μηδαμῶς μ' ἐξεργάσῃ.
ΙΠ. τί δ', εἴπερ, ὡς φὴς, μηδὲν εἴρηκας κακόν;
ΤΡ. ὁ μῦθος, ὦ παῖ, κοινὸς οὐδαμῶς ὅδε.

ΙΠ. τά τοι κάλ᾽ ἐν πολλοῖσι κάλλιον λέγειν.
ΤΡ. ὦ τέκνον, ὅρκους μηδαμῶς ἀτιμάσῃς.
ΙΠ. ἡ γλῶσσ᾽ ὀμώμοχ᾽, ἡ δὲ φρὴν ἀνώμοτος.
ΤΡ. ὦ παῖ, τί δράσεις; σοὺς φίλους διεργάσει;
ΙΠ. ἀπέπτυσ᾽· οὐδεὶς ἄδικός ἐστ᾽ ἐμοὶ φίλος.
ΤΡ. σύγγνωθ᾽· ἁμαρτεῖν εἰκὸς ἀνθρώπους, τέκνον.
ΙΠ. ὦ Ζεῦ, τί δὴ κίβδηλον ἀνθρώποις κακὸν
γυναῖκας ἐς φῶς ἡλίου κατῴκισας;
εἰ γὰρ βρότειον ἤθελες σπεῖραι γένος,
οὐκ ἐκ γυναικῶν χρῆν παρασχέσθαι τόδε,
ἀλλ᾽ ἀντιθέντας σοῖσιν ἐν ναοῖς βροτοὺς
ἢ χρυσὸν ἢ σίδηρον ἢ χαλκοῦ βάρος
παίδων πρίασθαι σπέρμα, τοῦ τιμήματος
τῆς ἀξίας ἕκαστον· ἐν δὲ δώμασι
ναίειν ἐλευθέροισι θηλειῶν ἄτερ.
νῦν δ᾽ ἐς δόμους μὲν πρῶτον ἄξεσθαι κακὸν
μέλλοντες ὄλβον δωμάτων ἐκτείνομεν.
τούτῳ δὲ δῆλον ὡς γυνὴ κακὸν μέγα·
προσθεὶς γὰρ ὁ σπείρας τε κἀκθρέψας πατὴρ
φερνὰς ἀπῴκισ᾽, ὡς ἀπαλλαχθῇ κακοῦ·
ὁ δ᾽ αὖ λαβὼν ἀτηρὸν ἐς δόμους φυτὸν
γέγηθε κόσμον προστιθεὶς ἀγάλματι
καλὸν κακίστῳ καὶ πέπλοισιν ἐκπονεῖ,
δύστηνος, ὄλβον δωμάτων ὑπεξελών.
ἔχει δ᾽ ἀνάγκην, ὥστε κηδεύσας καλοῖς
γαμβροῖσι χαίρων σῴζεται πικρὸν λέχος,
ἢ χρηστὰ λέκτρα, πενθεροὺς δ᾽ ἀνωφελεῖς
λαβὼν πιέζει τἀγαθῷ τὸ δυστυχές.
ῥᾷστον δ᾽ ὅτῳ τὸ μηδέν, ἀλλ᾽ ἀνωφελὴς
εὐηθίᾳ κατ᾽ οἶκον ἵδρυται γυνή.
σοφὴν δὲ μισῶ· μὴ γὰρ ἔν γ᾽ ἐμοῖς δόμοις
εἴη φρονοῦσα πλεῖον ἢ γυναῖκα χρή.
τὸ γὰρ κακοῦργον μᾶλλον ἐντίκτει Κύπρις
ἐν ταῖς σοφαῖσιν· ἡ δ᾽ ἀμήχανος γυνὴ
γνώμῃ βραχείᾳ μωρίαν ἀφῃρέθη.
χρῆν δ᾽ ἐς γυναῖκα πρόσπολον μὲν οὐ περᾶν,

ἄφθογγα δ' αὐταῖς συγκατοικίζειν δάκη
θηρῶν, ἵν' εἶχον μήτε προσφωνεῖν τινα
μήτ' ἐξ ἐκείνων φθέγμα δέξασθαι πάλιν.
νῦν δ' αἱ μὲν ἔνδον δρῶσιν αἱ κακαὶ κακὰ
βουλεύματ', ἔξω δ' ἐκφέρουσι πρόσπολοι.
ὡς καὶ σύ γ' ἡμῖν πατρὸς, ὦ κακὸν κάρα,
λέκτρων ἀθίκτων ἦλθες ἐς συναλλαγάς·
ἁγὼ ῥυτοῖς νασμοῖσιν ἐξομόρξομαι,
εἰς ὦτα κλύζων. πῶς ἂν οὖν εἴην κακὸς,
ὃς οὐδ' ἀκούσας τοιάδ' ἁγνεύειν δοκῶ;
εὖ δ' ἴσθι, τοὐμόν σ' εὐσεβὲς σώζει, γύναι.
εἰ μὴ γὰρ ὅρκοις θεῶν ἄφρακτος ᾑρέθην,
οὐκ ἄν ποτ' ἔσχον μὴ οὐ τάδ' ἐξειπεῖν πατρί.
νῦν δ' ἐκ δόμων μὲν, ἔς τ' ἂν ἔκδημος χθονὸς
Θησεὺς, ἄπειμι, σῖγα δ' ἕξομεν στόμα.
θεάσομαι δὲ σὺν πατρὸς μολὼν ποδὶ
πῶς νιν προσόψει καὶ σὺ καὶ δέσποινα σή·
τῆς σῆς δὲ τόλμης εἴσομαι γεγευμένος.
ὄλοισθε. μισῶν δ' οὔποτ' ἐμπλησθήσομαι
γυναῖκας, οὐδ' εἴ φησί τίς μ' ἀεὶ λέγειν·
ἀεὶ γὰρ οὖν πώς εἰσι κἀκεῖναι κακαί.
ἤ νύν τις αὐτὰς σωφρονεῖν διδαξάτω,
ἢ κἄμ' ἐάτω ταῖσδ' ἐπεμβαίνειν ἀεί.

ΧΟ. τάλανες ὦ κακοτυχεῖς γυναικῶν πότμοι. ἀντ.
τίνας νῦν τέχνας ἔχομεν ἢ λόγους
σφαλεῖσαι κάθαμμα λύειν λόγου;

ΦΑ. ἐτύχομεν δίκας, ἰὼ γᾶ καὶ φῶς.
πᾷ ποτ' ἐξαλύξω τύχας;
πῶς δὲ πῆμα κρύψω, φίλαι;
τίς ἂν θεῶν ἀρωγὸς ἢ τίς ἂν βροτῶν
πάρεδρος ἢ ξυνεργὸς ἀδίκων ἔργων
φανείη; τὸ γὰρ παρ' ἡμῖν πάθος
παρὸν δυσεκπέρατον ἔρχεται βίου.
κακοτυχεστάτα γυναικῶν ἐγώ.

ΧΟ. φεῦ φεῦ. πέπρακται, κοὐ κατώρθωνται τέχναι,
δέσποινα, τῆς σῆς προσπόλου, κακῶς δ' ἔχει.

ΦΑ. ὦ παγκακίστη καὶ φίλων διαφθορεῦ,
οἷ' εἰργάσω με. Ζεύς σε γεννήτωρ ἐμὸς
πρόρριζον ἐκτρίψειεν οὐτάσας πυρί.
οὐκ εἶπον, οὐ σῆς προὐνοησάμην φρενὸς,
σιγᾶν ἐφ' οἷσι νῦν ἐγὼ κακύνομαι;
σὺ δ' οὐκ ἀνέσχου· τοιγὰρ οὐκέτ' εὐκλεεῖς
θανούμεθ'. ἀλλὰ δεῖ με δὴ καινῶν λόγων.
οὗτος γὰρ ὀργῇ συντεθηγμένος φρένας
ἐρεῖ καθ' ἡμῶν πατρὶ σὰς ἁμαρτίας,
ἐρεῖ δὲ Πιτθεῖ τῷ γέροντι συμφορὰς,
πλήσει τε πᾶσαν γαῖαν αἰσχίστων λόγων.
ὄλοιο καὶ σὺ χὤστις ἄκοντας φίλους
πρόθυμός ἐστι μὴ καλῶς εὐεργετεῖν.
ΤΡ. δέσποιν', ἔχεις μὲν τἀμὰ μέμψασθαι κακά·
τὸ γὰρ δάκνον σου τὴν διάγνωσιν κρατεῖ·
ἔχω δὲ κἀγὼ πρὸς τάδ', εἰ δέξει, λέγειν.
ἔθρεψά σ', εὔνους τ' εἰμί· τῆς νόσου δέ σοι
ζητοῦσα φάρμαχ' ηὗρον οὐχ ἁβουλόμην.
εἰ δ' εὖ γ' ἔπραξα, κάρτ' ἂν ἐν σοφοῖσιν ἦν·
πρὸς τὰς τύχας γὰρ τὰς φρένας κεκτήμεθα.
ΦΑ. ἦ γὰρ δίκαια ταῦτα κἀξαρκοῦντά μοι,
τρώσασαν ἡμᾶς εἶτα συγχωρεῖν λόγοις;
ΤΡ. μακρηγοροῦμεν· οὐκ ἐσωφρόνουν ἐγώ·
ἀλλ' ἔστι κἀκ τῶνδ' ὥστε σωθῆναι, τέκνον.
ΦΑ. παῦσαι λέγουσα· καὶ τὰ πρὶν γὰρ οὐ καλῶς
παρῄνεσάς μοι κἀπεχείρησας κακά.
ἀλλ' ἐκποδὼν ἄπελθε, καὶ σαυτῆς πέρι
φρόντιζ'· ἐγὼ γὰρ τἀμὰ θήσομαι καλῶς.
ὑμεῖς δὲ, παῖδες εὐγενεῖς Τροιζήνιαι,
τοσόνδε μοι παράσχετ' ἐξαιτουμένῃ,
σιγῇ καλύψαθ' ἁνθάδ' εἰσηκούσατε.
ΧΟ. ὄμνυμι σεμνὴν Ἄρτεμιν, Διὸς κόρην,
μηδὲν κακῶν σῶν ἐς φάος δείξειν ποτέ.
ΦΑ. καλῶς ἔλεξας. ἓν δὲ προστρέπουσ' ἐγὼ
εὕρημα δή τι τῆσδε συμφορᾶς ἔχω,
ὥστ' εὐκλεᾶ μὲν παισὶ προσθεῖναι βίον,

αὐτή τ' ὄνασθαι πρὸς τὰ νῦν πεπτωκότα.
οὐ γάρ ποτ' αἰσχυνῶ γε Κρησίους δόμους,
οὐδ' ἐς πρόσωπον Θησέως ἀφίξομαι
αἰσχροῖς ἐπ' ἔργοις οὕνεκα ψυχῆς μιᾶς.
ΧΟ. μέλλεις δὲ δή τι δρᾶν ἀνήκεστον κακόν;
ΦΑ. θανεῖν· ὅπως δέ, τοῦτ' ἐγὼ βουλεύσομαι.
ΧΟ. εὔφημος ἴσθι.
ΦΑ. καὶ σύ γ' εὖ με νουθέτει.
ἐγὼ δὲ Κύπριν, ἥπερ ἐξόλλυσί με,
ψυχῆς ἀπαλλαχθεῖσα τῇδ' ἐν ἡμέρᾳ
τέρψω· πικροῦ δ' ἔρωτος ἡσσηθήσομαι.
ἀτὰρ κακόν γε χἀτέρῳ γενήσομαι
θανοῦσ', ἵν' εἰδῇ μὴ 'πὶ τοῖς ἐμοῖς κακοῖς
ὑψηλὸς εἶναι· τῆς νόσου δὲ τῆσδέ μοι
κοινῇ μετασχὼν σωφρονεῖν μαθήσεται.
ΧΟ. ἀλιβάτοις ὑπὸ κευθμῶσι γενοίμαν, στρ. α'.
ἵνα με πτεροῦσσαν ὄρνιν
θεὸς εἰνὶ ποταναῖς ἀγέλαις θείη.
ἀρθείην δ' ἐπὶ πόντιον
κῦμα τᾶς Ἀδριηνᾶς
ἀκτᾶς Ἠριδανοῦ θ' ὕδωρ·
ἔνθα πορφύρεον σταλάσσουσ'
εἰς οἶδμα πατρὸς τριτάλαιναι
κόραι Φαέθοντος οἴκτῳ δακρύων
τὰς ἠλεκτροφαεῖς αὐγάς.
Ἑσπερίδων δ' ἐπὶ μηλόσπορον ἀκτὰν ἀντ. α'.
ἀνύσαιμι τᾶν ἀοιδῶν,
ἵν' ὁ ποντομέδων πορφυρέας λίμνας
ναύταις οὐκέθ' ὁδὸν νέμει,
σεμνὸν τέρμονα κύρων
οὐρανοῦ, τὸν Ἄτλας ἔχει,
κρῆναί τ' ἀμβρόσιαι χέονται
Ζηνὸς μελάθρων παρὰ κοίταις,
ἵν' ἁ βιόδωρος αὔξει ζαθέα
χθὼν εὐδαιμονίαν θεοῖς.
ὦ λευκόπτερε Κρησία στρ. β'.

πορθμὶς, ἃ διὰ πόντιον
κῦμ' ἁλίκτυπον ἅλμας
ἐπόρευσας ἐμὰν ἄνασσαν
ὀλβίων ἀπ' οἴκων,
κακονυμφοτάταν ὄνασιν.
ἦ γὰρ ἀπ' ἀμφοτέρων
ἢ Κρησίας ἐκ γᾶς δύσορνις ἔπτατο κλεινὰς Ἀθάνας,
Μουνύχου δ' ἀκταῖσιν ἐκδήσαντο πλεκτὰς πεισμάτων ἀρ-
χὰς ἐπ' ἀπείρου τε γᾶς ἔβασαν.
ἀνθ' ὧν οὐχ ὁσίων ἐρώ- ἀντ. β'.
των δεινᾷ φρένας Ἀφροδί-
τας νόσῳ κατεκλάσθη·
χαλεπᾷ δ' ὑπέραντλος οὖσα
συμφορᾷ, τερέμνων
ἀπὸ νυμφιδίων κρεμαστὸν
ἅψεται ἀμφὶ βρόχον
λευκᾷ καθαρμόζουσα δείρᾳ, δαίμονα στυγνὸν καταιδε-
σθεῖσα, τάν τ' εὔδοξον ἀνθαιρουμένα φάμαν, ἀπαλλάσ-
σουσά τ' ἀλγεινὸν φρενῶν ἔρωτα.

ΑΓΓΕΛΟΣ.

ἰοὺ ἰού.
βοηδρομεῖτε πάντες οἱ πέλας δόμων.
ἐν ἀγχόναις δέσποινα, Θησέως δάμαρ.

ΧΟ. φεῦ φεῦ, πέπρακται· βασιλὶς οὐκέτ' ἔστι δὴ
γυνὴ, κρεμαστοῖς ἐν βρόχοις ἠρτημένη.

ΑΓ. οὐ σπεύσετ'; οὐκ οἴσει τις ἀμφιδέξιον
σίδηρον, ᾧ τόδ' ἅμμα λύσομεν δέρης;

ΗΜΙΧΟΡΙΟΝ.

φίλαι, τί δρῶμεν; ἦ δοκεῖ περᾶν δόμους,
λῦσαί τ' ἄνασσαν ἐξ ἐπισπαστῶν βρόχων;

ΗΜ. τί δ'; οὐ πάρεισι πρόσπολοι νεανίαι;
τὸ πολλὰ πράσσειν οὐκ ἐν ἀσφαλεῖ βίου.

ΑΓ. ὀρθώσατ᾽ ἐκτείναντες ἄθλιον νέκυν.
πικρὸν τόδ᾽ οἰκούρημα δεσπόταις ἐμοῖς.
ΧΟ. ὄλωλεν ἡ δύστηνος, ὡς κλύω, γυνή.
ἤδη γὰρ ὡς νεκρόν νιν ἐκτείνουσι δή.

ΘΗΣΕΥΣ.

γυναῖκες, ἴστε τίς ποτ᾽ ἐν δόμοις βοή;
ἠχὼ βαρεῖα προσπόλων μ᾽ ἀφίκετο.
οὐ γάρ τί μ᾽ ὡς θεωρὸν ἀξιοῖ δόμος
πύλας ἀνοίξας εὐφρόνως προσεννέπειν.
μῶν Πιτθέως τι γῆρας εἴργασται νέον;
πρόσω μὲν ἤδη βίοτος, ἀλλ᾽ ὅμως ἔτ᾽ ἂν
λυπηρὸς ἡμῖν τούσδ᾽ ἂν ἐκλίποι δόμους.
ΧΟ. οὐκ ἐς γέροντας ἥδε σοι τείνει τύχη,
Θησεῦ· νέοι θανόντες ἀλγυνοῦσί σε.
ΘΗ. οἴμοι· τέκνων μοι μή τι συλᾶται βίος;
ΧΟ. ζῶσιν, θανούσης μητρὸς ὡς ἄλγιστά σοι.
ΘΗ. τί φῄς; ὄλωλεν ἄλοχος; ἐκ τίνος τύχης;
ΧΟ. βρόχον κρεμαστὸν ἀγχόνης ἀνήψατο.
ΘΗ. λύπῃ παχνωθεῖσ᾽, ἢ ᾽πὸ συμφορᾶς τίνος;
ΧΟ. τοσοῦτον ἴσμεν· ἄρτι γὰρ κἀγὼ δόμοις,
Θησεῦ, πάρειμι, σῶν κακῶν πενθήτρια.
ΘΗ. αἰαῖ. τί δῆτα τοῖσδ᾽ ἀνέστεμμαι κάρα
πλεκτοῖσι φύλλοις, δυστυχὴς θεωρὸς ὤν;
χαλᾶτε κλῇθρα, πρόσπολοι, πυλωμάτων,
ἐκλύεθ᾽ ἁρμούς, ὡς ἴδω πικρὰν θέαν
γυναικός, ἥ με κατθανοῦσ᾽ ἀπώλεσεν.
ΧΟ. ἰὼ ἰὼ τάλαινα μελέων κακῶν· ἔπαθες, εἰργάσω
τοσοῦτον ὥστε τούσδε συγχέαι δόμους.
αἰαῖ τόλμας, ὦ βιαίως θανοῦσ᾽
ἀνοσίῳ τε συμφορᾷ, σᾶς χερὸς πάλαισμα μελέας.
τίς ἄρα σάν, τάλαιν᾽, ἀμαυροῖ ζόαν;
ΘΗ. ὤμοι ἐγὼ πόνων· ἔπαθον ὦ τάλας
τὰ μάκιστ᾽ ἐμῶν κακῶν. ὦ τύχα,
ὥς μοι βαρεῖα καὶ δόμοις ἐπεστάθης,
κηλὶς ἄφραστος ἐξ ἀλαστόρων τινός.

κατακονὰ μὲν οὖν ἀβίωτος βίου·
κακῶν δ', ὦ τάλας, πέλαγος εἰσορῶ
τοσοῦτον ὥστε μήποτ' ἐκνεῦσαι πάλιν,
μηδ' ἐκπερᾶσαι κῦμα τῆσδε συμφορᾶς.
τίνα λόγον τάλας, τίνα τύχαν σέθεν
βαρύποτμον, γύναι, προσαυδῶν τύχω;
ὄρνις γὰρ ὥς τις ἐκ χερῶν ἄφαντος εἶ,
πήδημ' ἐς Ἅιδου κραιπνὸν ὁρμήσασά μοι.
αἰαῖ αἰαῖ, μέλεα μέλεα τάδε πάθη.
πρόσωθεν δέ ποθεν ἀνακομίζομαι τύχαν δαιμόνων
ἀμπλακίαισι τῶν πάροιθέν τινος.

ΧΟ. οὐ σοὶ τάδ', ὦναξ, ἦλθε δὴ μόνῳ κακά,
πολλῶν μετ' ἄλλων δ' ὤλεσας κεδνὸν λέχος.

ΘΗ. τὸ κατὰ γᾶς θέλω τὸ κατὰ γᾶς κνέφας
μετοικεῖν σκότῳ θανὼν ὁ τλάμων,
τῆς σῆς στερηθεὶς φιλτάτης ὁμιλίας·
ἀπώλεσας γὰρ μᾶλλον ἢ κατέφθισο.
τίνος δὴ κλύω πόθεν θανάσιμος
τύχα σὰν ἔβα, γύναι, καρδίαν;
εἴποι τις ἂν τὸ πραχθέν, ἢ μάτην ὄχλον
στέγει τύραννον δῶμα προσπόλων ἐμῶν;
ὤμοι μοι σέθεν μέλεος, οἷον εἶδον ἄλγος δόμων,
οὐ τλητὸν οὐδὲ ῥητόν. ἀλλ' ἀπωλόμην·
ἔρημος οἶκος, καὶ τέκν' ὀρφανεύεται.

ΧΟ. ἔλιπες ἔλιπες, ὦ φίλα γυναικῶν
ἀρίστα θ' ὁπόσας ἐφορᾷ
φέγγος ἀελίου τε καὶ
νυκτὸς ἀστερωπὸς σελάνα.
ἰὼ τάλας ὅσον κακὸν ἔχει δόμος.
δάκρυσί μου βλέφαρα καταχυθέντα τέγγεται σᾷ
τύχᾳ·
τὸ δ' ἐπὶ τῷδε πῆμα φρίσσω πάλαι.

ΘΗ. ἔα ἔα·
τί δή ποθ' ἥδε δέλτος; ἐκ φίλης χερὸς
ἠρτημένη θέλει τι σημῆναι νέον.
ἀλλ' ἦ λέχους μοι καὶ τέκνων ἐπιστολὰς

ἔγραψεν ἡ δύστηνος ἐξαιτουμένη;
θάρσει, τάλαινα· λέκτρα γὰρ τὰ Θησέως
οὐκ ἔστι δῶμά θ' ἥτις εἴσεισιν γυνή.
καὶ μὴν τύποι γε σφενδόνης χρυσηλάτου
τῆς οὐκέτ' οὔσης τῆσδε προσσαίνουσί με.
φέρ', ἐξελίξας περιβολὰς σφραγισμάτων
ἴδω τί λέξαι δέλτος ἥδε μοι θέλει.
ΧΟ. φεῦ φεῦ. τόδ' αὖ νεοχμὸν ἐκδοχαῖς
ἐπιφέρει θεὸς κακόν. ἐμοὶ μὲν οὖν ἀβίωτος βίου
τύχα πρὸς τὸ κρανθὲν εἴη τυχεῖν.
ὀλομένους γὰρ, οὐκέτ' ὄντας λέγω,
φεῦ φεῦ, τῶν ἐμῶν τυράννων δόμους.
ὦ δαῖμον, εἴ πως ἔστι, μὴ σφήλῃς δόμους.
αἰτουμένης δὲ κλῦθί μου· πρὸς γάρ τινος
οἰωνὸν ὥστε μάντις εἰσορῶ κακόν.
ΘΗ. οἴμοι. τόδ' οἷον ἄλλο πρὸς κακῷ κακὸν,
οὐ τλητὸν οὐδὲ λεκτόν. ὦ τάλας ἐγώ.
ΧΟ. τί χρῆμα, λέξον, εἴ τί μοι λόγου μέτα.
ΘΗ. βοᾷ βοᾷ δέλτος ἄλαστα. πᾷ φύγω
βάρος κακῶν; ἀπὸ γὰρ ὀλόμενος οἴχομαι
οἷον οἷον εἶδον ἐν γραφαῖς μέλος
φθεγγόμενον τλάμων.
ΧΟ. αἰαῖ, κακῶν ἀρχηγὸν ἐκφαίνεις λόγον.
ΘΗ. τόδε μὲν οὐκέτι στόματος ἐν πύλαις
καθέξω δυσεκπέρατον ὀλοὸν κακὸν, ἰὼ τάλας.
Ἱππόλυτος εὐνῆς τῆς ἐμῆς ἔτλη θιγεῖν
βίᾳ, τὸ σεμνὸν Ζηνὸς ὄμμ' ἀτιμάσας.
ἀλλ', ὦ πάτερ Πόσειδον, ἃς ἐμοί ποτε
ἀρὰς ὑπέσχου τρεῖς, μιᾷ κατέργασαι
τούτων ἐμὸν παῖδ', ἡμέραν δὲ μὴ φύγοι
τήνδ', εἴπερ ἡμῖν ὤπασας σαφεῖς ἀράς.
ΧΟ. ἄναξ, ἀπεύχου ταῦτα πρὸς θεῶν πάλιν·
γνώσει γὰρ αὖθις ἀμπλακών. ἐμοὶ πιθοῦ.
ΘΗ. οὐκ ἔστι. καὶ πρός γ' ἐξελῶ σφε τῆσδε γῆς,
δυοῖν δὲ μοίραιν θατέρᾳ πεπλήξεται·
ἢ γὰρ Ποσειδῶν αὐτὸν εἰς Ἅιδου δόμους

θανόντα πέμψει, τὰς ἐμὰς ἀρὰς σέβων,
ἢ τῆσδε χώρας ἐκπεσὼν ἀλώμενος
ξένην ἐπ᾽ αἶαν λυπρὸν ἀντλήσει βίον.
ΧΟ. καὶ μὴν ὅδ᾽ αὐτὸς παῖς σὸς ἐς καιρὸν πάρα,
Ἱππόλυτος· ὀργῆς δ᾽ ἐξανεὶς κακῆς, ἄναξ
Θησεῦ, τὸ λῷστον σοῖσι βούλευσαι δόμοις.
ΙΠ. κραυγῆς ἀκούσας σῆς ἀφικόμην, πάτερ,
σπουδῇ· τὸ μέντοι πρᾶγμ᾽ ἐφ᾽ ᾧ τινι στένεις
οὐκ οἶδα, βουλοίμην δ᾽ ἂν ἐκ σέθεν κλύειν.
ἔα, τί χρῆμα; σὴν δάμαρθ᾽ ὁρῶ, πάτερ,
νεκρόν· μεγίστου θαύματος τόδ᾽ ἄξιον·
ἣν ἀρτίως ἔλειπον, ἣ φάος τόδε
οὔπω χρόνον παλαιὸν εἰσεδέρκετο.
τί χρῆμα πάσχει; τῷ τρόπῳ διόλλυται;
πάτερ, πυθέσθαι βούλομαι σέθεν πάρα.
σιγᾷς; σιωπῆς δ᾽ οὐδὲν ἔργον ἐν κακοῖς·
ἡ γὰρ ποθοῦσα πάντα καρδία κλύειν
κἀν τοῖς κακοῖσι λίχνος οὖσ᾽ ἁλίσκεται.
οὐ μὴν φίλους γε, κἄτι μᾶλλον ἢ φίλους,
κρύπτειν δίκαιον σάς, πάτερ, δυσπραξίας.
ΘΗ. ὦ πόλλ᾽ ἁμαρτάνοντες ἄνθρωποι μάτην,
τί δὴ τέχνας μὲν μυρίας διδάσκετε
καὶ πάντα μηχανᾶσθε κἀξευρίσκετε,
ἓν δ᾽ οὐκ ἐπίστασθ᾽ οὐδ᾽ ἐθηράσασθέ πω,
φρονεῖν διδάσκειν οἷσιν οὐκ ἔνεστι νοῦς;
ΙΠ. δεινὸν σοφιστὴν εἶπας, ὅστις εὖ φρονεῖν
τοὺς μὴ φρονοῦντας δυνατός ἐστ᾽ ἀναγκάσαι.
ἀλλ᾽ οὐ γὰρ ἐν δέοντι λεπτουργεῖς, πάτερ,
δέδοικα μή σου γλῶσσ᾽ ὑπερβάλῃ κακοῖς.
ΘΗ. φεῦ, χρῆν βροτοῖσι τῶν φίλων τεκμήριον
σαφές τι κεῖσθαι καὶ διάγνωσιν φρενῶν,
ὅστις τ᾽ ἀληθής ἐστιν ὅς τε μὴ φίλος·
δισσάς τε φωνὰς πάντας ἀνθρώπους ἔχειν,
τὴν μὲν δικαίαν, τὴν δ᾽ ὅπως ἐτύγχανεν,
ὡς ἡ φρονοῦσα τἄδικ᾽ ἐξηλέγχετο
πρὸς τῆς δικαίας, κοὐκ ἂν ἠπατώμεθα.

ΙΠ. ἀλλ' ἦ τις ἐς σὸν οὖς με διαβαλὼν ἔχει
φίλων, νοσοῦμεν δ' οὐδὲν ὄντες αἴτιοι;
ἔκ τοι πέπληγμαι· σοὶ γὰρ ἐκπλήσσουσί με
λόγοι παραλλάσσοντες ἔξεδροι φρενῶν.
ΘΗ. φεῦ τῆς βροτείας, ποῖ προβήσεται, φρενός;
τί τέρμα τόλμης καὶ θράσους γενήσεται;
εἰ γὰρ κατ' ἀνδρὸς βίοτον ἐξογκώσεται,
ὁ δ' ὕστερος τοῦ πρόσθεν εἰς ὑπερβολὴν
πανοῦργος ἔσται, θεοῖσι προσβαλεῖν χθονὶ
ἄλλην δεήσει γαῖαν, ἣ χωρήσεται
τοὺς μὴ δικαίους καὶ κακοὺς πεφυκότας.
σκέψασθε δ' ἐς τόνδ', ὅστις ἐξ ἐμοῦ γεγὼς
ᾔσχυνε τἀμὰ λέκτρα, κἀξελέγχεται
πρὸς τῆς θανούσης ἐμφανῶς κάκιστος ὤν.
δεῖξον δ', ἐπειδή γ' ἐς μίασμ' ἐλήλυθας,
τὸ σὸν πρόσωπον δεῦρ' ἐναντίον πατρί.
σὺ δὴ θεοῖσιν, ὡς περισσὸς ὢν ἀνὴρ,
σύνει; σὺ σώφρων καὶ κακῶν ἀκήρατος;
οὐκ ἂν πιθοίμην τοῖσι σοῖς κόμποις ἐγὼ,
θεοῖσι προσθεὶς ἀμαθίαν φρονεῖν κακῶς.
ἤδη νυν αὔχει καὶ δι' ἀψύχου βορᾶς
σίτοις καπήλευ', Ὀρφέα τ' ἄνακτ' ἔχων
βάκχευε, πολλῶν γραμμάτων τιμῶν καπνούς,
ἐπεί γ' ἐλήφθης. τοὺς δὲ τοιούτους ἐγὼ
φεύγειν προφωνῶ πᾶσι· θηρεύουσι γὰρ
σεμνοῖς λόγοισιν, αἰσχρὰ μηχανώμενοι.
τέθνηκεν ἥδε· τοῦτό σ' ἐκσώσειν δοκεῖς;
ἐν τῷδ' ἁλίσκει πλεῖστον, ὦ κάκιστε σύ.
ποῖοι γὰρ ὅρκοι κρείσσονες, τίνες λόγοι
τῆσδ' ἂν γένοιντ' ἄν, ὥστε σ' αἰτίαν φυγεῖν;
μισεῖν σε φήσεις τήνδε καὶ τὸ δὴ νόθον
τοῖς γνησίοισι πολέμιον πεφυκέναι·
κακὴν ἄρ' αὐτὴν ἔμπορον βίου λέγεις,
εἰ δυσμενείᾳ σῇ τὰ φίλτατ' ὤλεσεν.
ἀλλ' ὡς τὸ μῶρον ἀνδράσιν μὲν οὐκ ἔνι,
γυναιξὶ δ' ἐμπέφυκεν· οἶδ' ἐγὼ νέους

οὐδὲν γυναικῶν ὄντας ἀσφαλεστέρους,
ὅταν ταράξῃ Κύπρις ἡβῶσαν φρένα·
τὸ δ' ἄρσεν αὐτοὺς ὠφελεῖ προσκείμενον.
νῦν οὖν τί ταῦτα σοῖς ἁμιλλῶμαι λόγοις,
νεκροῦ παρόντος μάρτυρος σαφεστάτου;
ἔξερρε γαίας τῆσδ' ὅσον τάχος φυγὰς,
καὶ μήτ' Ἀθήνας τὰς θεοδμήτους μόλῃς
μήτ' εἰς ὅρους γῆς ἧς ἐμὸν κρατεῖ δόρυ.
εἰ γὰρ παθών γε σοῦ τάδ' ἡσσηθήσομαι,
οὐ μαρτυρήσει μ' Ἴσθμιος Σίνις ποτὲ
κτανεῖν ἑαυτὸν, ἀλλὰ κομπάζειν μάτην,
οὐδ' αἱ θαλάσσῃ σύννομοι Σκειρωνίδες
φήσουσι πέτραι τοῖς κακοῖς μ' εἶναι βαρύν.

ΧΟ. οὐκ οἶδ' ὅπως εἴποιμ' ἂν εὐτυχεῖν τινὰ
θνητῶν· τὰ γὰρ δὴ πρῶτ' ἀνέστραπται πάλιν.

ΙΠ. πάτερ, μένος μὲν ξύστασίς τε σῶν φρενῶν
δεινή· τὸ μέντοι πρᾶγμ', ἔχον καλοὺς λόγους,
εἴ τις διαπτύξειεν, οὐ καλὸν τόδε.
ἐγὼ δ' ἄκομψος εἰς ὄχλον δοῦναι λόγον,
εἰς ἥλικας δὲ κὠλίγους σοφώτερος.
ἔχει δὲ μοῖραν καὶ τόδ'· οἱ γὰρ ἐν σοφοῖς
φαῦλοι παρ' ὄχλῳ μουσικώτεροι λέγειν.
ὅμως δ' ἀνάγκη, ξυμφορᾶς ἀφιγμένης,
γλῶσσάν μ' ἀφεῖναι. πρῶτα δ' ἄρξομαι λέγειν
ὅθεν μ' ὑπῆλθες πρῶτον ὡς διαφθερῶν,
κοὐκ ἀντιλέξοντ'. εἰσορᾷς φάος τόδε
καὶ γαῖαν; ἐν τοῖσδ' οὐκ ἔνεστ' ἀνὴρ ἐμοῦ,
οὐδ' ἢν σὺ μὴ φῇς, σωφρονέστερος γεγώς.
ἐπίσταμαι γὰρ πρῶτα μὲν θεοὺς σέβειν,
φίλοις τε χρῆσθαι μὴ ἀδικεῖν πειρωμένοις,
ἀλλ' οἷσιν αἰδὼς μήτ' ἐπαγγέλλειν κακὰ
μήτ' ἀνθυπουργεῖν αἰσχρὰ τοῖσι χρωμένοις·
οὐκ ἐγγελαστὴς τῶν ὁμιλούντων, πάτερ,
ἀλλ' αὑτὸς οὐ παροῦσι κἀγγὺς ὢν φίλοις.
ἑνὸς δ' ἄθικτος, ᾧ με νῦν ἑλεῖν δοκεῖς·
λέχους γὰρ ἐς τόδ' ἡμέρας ἁγνὸν δέμας.

οὐκ οἶδα πρᾶξιν τήνδε, πλὴν λόγῳ κλύων
γραφῇ τε λεύσσων· οὐδὲ ταῦτα γὰρ σκοπεῖν
πρόθυμός εἰμι, παρθένον ψυχὴν ἔχων.
καὶ δὴ τὸ σῶφρον τοὐμὸν οὐ πείθει σ᾽ ἴσως·
δεῖ δή σε δεῖξαι τῷ τρόπῳ διεφθάρην.
πότερα τὸ τῆσδε σῶμ᾽ ἐκαλλιστεύετο
πασῶν γυναικῶν; ἢ σὸν οἰκήσειν δόμον
ἔγκληρον εὐνὴν προσλαβὼν ἐπήλπισα;
μάταιος ἆρ᾽ ἦν, οὐδαμοῦ μὲν οὖν φρενῶν.
ἀλλ᾽ ὡς τυραννεῖν ἡδὺ τοῖσι σώφροσιν·
ἥκιστά γ᾽, εἰ μὴ τὰς φρένας διέφθορε
θνητῶν ὅσοισιν ἁνδάνει μοναρχία.
ἐγὼ δ᾽ ἀγῶνας μὲν κρατεῖν Ἑλληνικοὺς
πρῶτος θέλοιμ᾽ ἂν, ἐν πόλει δὲ δεύτερος
σὺν τοῖς ἀρίστοις εὐτυχεῖν ἀεὶ φίλοις.
πράσσειν γὰρ εὖ πάρεστι, κίνδυνός τ᾽ ἀπὼν
κρείσσω δίδωσι τῆς τυραννίδος χάριν.
ἓν οὐ λέλεκται τῶν ἐμῶν, τὰ δ᾽ ἄλλ᾽ ἔχεις·
εἰ μὲν γὰρ ἦν μοι μάρτυς οἷός εἰμ᾽ ἐγὼ,
καὶ τῆσδ᾽ ὁρώσης φέγγος ἠγωνιζόμην,
ἔργοις ἂν εἶδες τοὺς κακοὺς διεξιών.
νῦν δ᾽ ὅρκιόν σοι Ζῆνα καὶ πέδον χθονὸς
ὄμνυμι τῶν σῶν μήποθ᾽ ἅψασθαι γάμων,
μηδ᾽ ἂν θελῆσαι, μηδ᾽ ἂν ἔννοιαν λαβεῖν.
ἦ τἄρ᾽ ὀλοίμην ἀκλεὴς, ἀνώνυμος,
ἄπολις, ἄοικος, φυγὰς ἀλητεύων χθόνα,
καὶ μήτε πόντος μήτε γῆ δέξαιτό μου
σάρκας θανόντος, εἰ κακὸς πέφυκ᾽ ἀνήρ.
εἰ δ᾽ ἥδε δειμαίνουσ᾽ ἀπώλεσεν βίον
οὐκ οἶδ᾽· ἐμοὶ γὰρ οὐ πέρα θέμις λέγειν.
ἐσωφρόνησεν οὐκ ἔχουσα σωφρονεῖν,
ἡμεῖς δ᾽ ἔχοντες οὐ καλῶς ἐχρώμεθα.

ΧΟ. ἀρκοῦσαν εἶπας αἰτίας ἀποστροφὴν,
ὅρκους παρασχὼν, πίστιν οὐ σμικρὰν, θεῶν.

ΘΗ. ἆρ᾽ οὐκ ἐπῳδὸς καὶ γόης πέφυχ᾽ ὅδε,
ὃς τὴν ἐμὴν πέποιθεν εὐοργησίᾳ

ψυχὴν κρατήσειν τὸν τεκόντ᾽ ἀτιμάσας;
ΙΠ. καὶ σοῦ γε κάρτα ταῦτα θαυμάζω, πάτερ·
εἰ γὰρ σὺ μὲν παῖς ἦσθ᾽, ἐγὼ δὲ σὸς πατὴρ,
ἔκτεινά τοί σ᾽ ἂν, κοὐ φυγαῖς ἐζημίουν,
εἴπερ γυναικὸς ἠξίους ἐμῆς θιγεῖν.
ΘΗ. ὡς ἄξιον τόδ᾽ εἶπας· οὐχ οὕτω θανεῖ,
ὥσπερ σὺ σαυτῷ τόνδε προὔθηκας νόμον·
ταχὺς γὰρ Ἅιδης ῥᾷστος ἀνδρὶ δυστυχεῖ.
ἀλλ᾽ ἐκ πατρῴας φυγὰς ἀλητεύων χθονὸς
ξένην ἐπ᾽ αἶαν λυπρὸν ἀντλήσεις βίον·
μισθὸς γάρ ἐστιν οὗτος ἀνδρὶ δυσσεβεῖ.
ΙΠ. οἴμοι, τί δράσεις; οὐδὲ μηνυτὴν χρόνον
δέξει καθ᾽ ἡμῶν, ἀλλά μ᾽ ἐξελᾷς χθονός;
ΘΗ. πέραν γε πόντου καὶ τόπων Ἀτλαντικῶν,
εἴ πως δυναίμην, ὡς σὸν ἐχθαίρω κάρα.
ΙΠ. οὐδ᾽ ὅρκον οὐδὲ πίστιν οὐδὲ μάντεων
φήμας ἐλέγξας ἄκριτον ἐκβαλεῖς με γῆς;
ΘΗ. ἡ δέλτος ἥδε κλῆρον οὐ δεδεγμένη
κατηγορεῖ σου πιστά· τοὺς δ᾽ ὑπὲρ κάρα
φοιτῶντας ὄρνις πόλλ᾽ ἐγὼ χαίρειν λέγω.
ΙΠ. ὦ θεοὶ, τί δῆτα τοὐμὸν οὐ λύω στόμα,
ὅστις γ᾽ ὑφ᾽ ὑμῶν, οὓς σέβω, διόλλυμαι;
οὐ δῆτα· πάντως οὐ πίθοιμ᾽ ἂν οὕς με δεῖ,
μάτην δ᾽ ἂν ὅρκους συγχέαιμ᾽ οὓς ὤμοσα.
ΘΗ. οἴμοι· τὸ σεμνὸν ὥς μ᾽ ἀποκτείνει τὸ σόν.
οὐκ εἶ πατρῴας ἐκτὸς ὡς τάχιστα γῆς;
ΙΠ. ποῖ δῆθ᾽ ὁ τλήμων τρέψομαι; τίνος ξένων
δόμους ἔσειμι τῇδ᾽ ἐπ᾽ αἰτίᾳ φυγών;
ΘΗ. ὅστις γυναικῶν λυμεῶνας ἥδεται
ξένους κομίζων καὶ ξυνοικουροὺς κακῶν.
ΙΠ. αἰαῖ· πρὸς ἧπαρ δακρύων τ᾽ ἐγγὺς τόδε.
εἰ δὴ κακός τε φαίνομαι δοκῶ τέ σοι.
ΘΗ. τότε στενάζειν καὶ προγιγνώσκειν σ᾽ ἐχρῆν,
ὅτ᾽ ἐς πατρῴαν ἄλοχον ὑβρίζειν ἔτλης.
ΙΠ. ὦ δώματ᾽, εἴθε φθέγμα γηρύσαισθέ μοι
καὶ μαρτυρήσαιτ᾽ εἰ κακὸς πέφυκ᾽ ἀνήρ.

ΘΗ. ἐς τοὺς ἀφώνους μάρτυρας φεύγεις; σαφῶς
τόδ' ἔργον οὐ λέγον σε μηνύει κακόν.
ΙΠ. φεῦ·
εἴθ' ἦν ἐμαυτὸν προσβλέπειν ἐναντίον
στάνθ', ὡς ἐδάκρυσ' οἷα πάσχομεν κακά.
ΘΗ. πολλῷ γε μᾶλλον σαυτὸν ἤσκησας σέβειν
ἢ τοὺς τεκόντας ὅσια δρᾶν, δίκαιος ὤν.
ΙΠ. ὦ δυστάλαινα μῆτερ, ὦ πικραὶ γοναί·
μηδείς ποτ' εἴη τῶν ἐμῶν φίλων νόθος.
ΘΗ. οὐχ ἕλξετ' αὐτὸν, δμῶες; οὐκ ἀκούετε
πάλαι ξενοῦσθαι τόνδε προὐννέποντά με;
ΙΠ. κλαίων τις αὐτῶν ἆρ' ἐμοῦ γε θίξεται·
σὺ δ' αὐτὸς, εἴ σοι θυμὸς, ἐξώθει χθονός.
ΘΗ. δράσω τάδ', εἰ μὴ τοῖς ἐμοῖς πείσει λόγοις·
οὐ γάρ τις οἶκτος σῆς μ' ὑπέρχεται φυγῆς.
ΙΠ. ἄραρεν, ὡς ἔοικεν· ὢ τάλας ἐγώ.
ὡς οἶδα μὲν ταῦτ', οἶδα δ' οὐχ ὅπως φράσω.
ὦ φιλτάτη μοι δαιμόνων Λητοῦς κόρη,
σύνθακε, συγκύναγε, φευξόμεσθα δὴ
κλεινὰς Ἀθήνας. ἀλλὰ χαίρετ', ὦ πόλις
καὶ γαῖ' Ἐρεχθέως· ὦ πέδον Τροιζήνιον,
ὡς ἐγκαθηβᾶν πόλλ' ἔχεις εὐδαίμονα,
χαῖρ'· ὕστατον γάρ σ' εἰσορῶν προσφθέγγομαι.
ἴτ', ὦ νέοι μοι τῆσδε γῆς ὁμήλικες,
προσείπαθ' ἡμᾶς καὶ προπέμψατε χθονός·
ὡς οὔποτ' ἄλλον ἄνδρα σωφρονέστερον
ὄψεσθε, κεἰ μὴ ταῦτ' ἐμῷ δοκεῖ πατρί.
ΧΟ. ἦ μέγα μοι τὰ θεῶν μελεδήμαθ', ὅταν φρένας
ἔλθῃ, στρ. α'.
λύπας παραιρεῖ· ξύνεσιν δέ τιν' ἐλπίδι κεύθων
λείπομαι ἔν τε τύχαις θνατῶν καὶ ἐν ἔργμασι
λεύσσων·
ἄλλα γὰρ ἄλλοθεν ἀμείβεται,
μετὰ δ' ἵσταται ἀνδράσιν αἰὼν
πολυπλάνητος ἀεί. [ἀντ. α'.
εἴθε μοι εὐξαμένᾳ θεόθεν τάδε μοῖρα παράσχοι,

τύχαν μετ' ὄλβου καὶ ἀκήρατον ἄλγεσι θυμόν·
δόξα δὲ μήτ' ἀτρεκὴς μήτ' αὖ παράσημος ἐνείη·
ῥᾴδια δ' ἤθεα τὸν αὔριον
μεταβαλλομένα χρόνον ἀεὶ
βίον συνευτυχοίην.
οὐκέτι γὰρ καθαρὰν φρέν' ἔχω, παρὰ δ' ἐλπίδα
λεύσσω, στρ. β'.
ἐπεὶ τὸν Ἑλλανίας
φανερώτατον ἀστέρ' Ἀθάνας
εἴδομεν εἴδομεν ἐκ πατρὸς ὀργᾶς
ἄλλαν ἐπ' αἶαν ἱέμενον.
ὦ ψάμαθοι πολιήτιδος ἀκτᾶς
δρυμός τ' ὄρειος, ὅθι κυνῶν
ὠκυπόδων μέτα θῆρας ἔναιρεν
Δίκτυνναν ἀμφὶ σεμνάν.
οὐκέτι συζυγίαν πώλων Ἐνετᾶν ἐπιβάσει ἀντ. β'.
τὸν ἀμφὶ Λίμνας τρόχον
κατέχων ποδὶ γυμνάδας ἵππους.
μοῦσα δ' ἄϋπνος ὑπ' ἄντυγι χορδᾶν
λήξει πατρῷον ἀνὰ δόμον·
ἀστέφανοι δὲ κόρας ἀνάπαυλαι
Λατοῦς βαθεῖαν ἀνὰ χλόαν·
νυμφιδία δ' ἀπόλωλε φυγᾷ σᾷ
λέκτρων ἅμιλλα κούραις.
ἐγὼ δὲ σᾷ δυστυχίᾳ δάκρυσι διοίσω ἐπῳδ.
πότμον ἄποτμον· ὦ τάλαινα
μᾶτερ, ἔτεκες ἄρ' ἀνόνατα·
φεῦ φεῦ,
μανίω θεοῖσιν·
ἰὼ ἰὼ συζύγιαι Χάριτες,
τί τὸν τάλαν' ἐκ πατρίας γᾶς
τὸν οὐδὲν ἄτας αἴτιον πέμπετε τῶνδ' ἀπ' οἴκων;
καὶ μὴν ὀπαδὸν Ἱππολύτου τόνδ' εἰσορῶ
σπουδῇ σκυθρωπὸν πρὸς δόμους ὁρμώμενον.

ΕΞΑΓΓΕΛΟΣ.

ποῖ γῆς ἄνακτα τῆσδε Θησέα μολὼν
εὕροιμ᾽ ἄν, ὦ γυναῖκες; εἴπερ ἴστε, μοι
σημήνατ᾽· ἆρα τῶνδε δωμάτων ἔσω;
ΧΟ. ὅδ᾽ αὐτὸς ἔξω δωμάτων πορεύεται.
ΕΞ. Θησεῦ, μερίμνης ἄξιον φέρω λόγον
σοὶ καὶ πολίταις οἵ τ᾽ Ἀθηναίων πόλιν
ναίουσι καὶ γῆς τέρμονας Τροιζηνίας.
ΘΗ. τί δ᾽ ἔστι; μῶν τις συμφορὰ νεωτέρα
δισσὰς κατείληφ᾽ ἀστυγείτονας πόλεις;
ΕΞ. Ἱππόλυτος οὐκέτ᾽ ἔστιν, ὡς εἰπεῖν ἔπος·
δέδορκε μέντοι φῶς ἐπὶ σμικρᾶς ῥοπῆς.
ΘΗ. πρὸς τοῦ; δι᾽ ἔχθρας μῶν τις ἦν ἀφιγμένος,
ὅτου κατῄσχυν᾽ ἄλοχον ὡς πατρὸς βίᾳ;
ΕΞ. οἰκεῖος αὐτὸν ὤλεσ᾽ ἁρμάτων ὄχος,
ἀραί τε τοῦ σοῦ στόματος, ἃς σὺ σῷ πατρὶ
πόντου κρέοντι παιδὸς ἠράσω πέρι.
ΘΗ. ὦ θεοὶ Πόσειδόν θ᾽, ὡς ἄρ᾽ ἦσθ᾽ ἐμὸς πατὴρ
ὀρθῶς, ἀκούσας τῶν ἐμῶν κατευγμάτων.
πῶς καὶ διώλετ᾽ εἰπέ· τῷ τρόπῳ Δίκης
ἔπαισεν αὐτὸν ῥόπτρον αἰσχύναντ᾽ ἐμέ;
ΕΞ. ἡμεῖς μὲν ἀκτῆς κυμοδέγμονος πέλας
ψήκτραισιν ἵππων ἐκτενίζομεν τρίχας
κλαίοντες· ἦλθε γάρ τις ἄγγελος λέγων
ὡς οὐκέτ᾽ ἐν γῇ τῇδ᾽ ἀναστρέψοι πόδα
Ἱππόλυτος, ἐκ σοῦ τλήμονας φυγὰς ἔχων.
ὁ δ᾽ ἦλθε ταυτὸν δακρύων φέρων μέλος
ἡμῖν ἐπ᾽ ἀκταῖς· μυρία δ᾽ ὀπισθόπους
φίλων ἅμ᾽ ἔστειχ᾽ ἡλίκων ὁμήγυρις.
χρόνῳ δὲ δήποτ᾽ εἶπ᾽ ἀπαλλαχθεὶς γόων,
τί ταῦτ᾽ ἀλύω; πειστέον πατρὸς λόγοις.
ἐντύναθ᾽ ἵππους ἅρμασι ζυγηφόρους,
δμῶες· πόλις γὰρ οὐκέτ᾽ ἔστιν ἥδε μοι.
τοὐνθένδε μέντοι πᾶς ἀνὴρ ἠπείγετο,
καὶ θᾶσσον ἢ λέγοι τις ἐξηρτυμένας

πώλους παρ' αὐτὸν δεσπότην ἐστήσαμεν.
μάρπτει δὲ χερσὶν ἡνίας ἀπ' ἄντυγος,
αὐταῖσιν ἀρβύλαισιν ἁρμόσας πόδα.
καὶ πρῶτα μὲν θεοῖς εἶπ' ἀναπτύξας χέρας,
Ζεῦ, μηκέτ' εἴην, εἰ κακὸς πέφυκ' ἀνήρ·
αἴσθοιτο δ' ἡμᾶς ὡς ἀτιμάζει πατὴρ
ἤτοι θανόντας ἢ φάος δεδορκότας.
κἀν τῷδ' ἐπῆγε κέντρον ἐς χεῖρας λαβὼν
πώλοις ὁμαρτῇ· πρόσπολοι δ' ὑφ' ἅρματος
πέλας χαλινῶν εἱπόμεσθα δεσπότῃ
τὴν εὐθὺς Ἄργους κἀπιδαυρίας ὁδόν.
ἐπεὶ δ' ἔρημον χῶρον εἰσεβάλλομεν,
ἀκτή τίς ἐστι τοὐπέκεινα τῆσδε γῆς,
πρὸς πόντον ἤδη κειμένη Σαρωνικόν.
ἔνθεν τις ἠχὼ χθόνιος ὡς βροντὴ Διὸς
βαρὺν βρόμον μεθῆκε, φρικώδη κλύειν·
ὀρθὸν δὲ κρᾶτ' ἔστησαν οὖς τ' εἰς οὐρανὸν
ἵπποι· παρ' ἡμῖν δ' ἦν φόβος νεανικὸς
πόθεν ποτ' εἴη φθόγγος. ἐς δ' ἁλιρρόθους
ἀκτὰς ἀποβλέψαντες ἱρὸν εἴδομεν
κῦμ' οὐρανῷ στηρίζον, ὥστ' ἀφῃρέθη
Σκείρωνος ἀκτὰς ὄμμα τοὐμὸν εἰσορᾶν·
ἔκρυπτε δ' Ἰσθμὸν καὶ πέτραν Ἀσκληπιοῦ.
κἄπειτ' ἀνοιδῆσάν τε καὶ πέριξ ἀφρὸν
πολὺν καχλάζον ποντίῳ φυσήματι
χωρεῖ πρὸς ἀκτάς, οὗ τέθριππος ἦν ὄχος.
αὐτῷ δὲ σὺν κλύδωνι καὶ τρικυμίᾳ
κῦμ' ἐξέθηκε ταῦρον, ἄγριον τέρας,
οὗ πᾶσα μὲν χθὼν φθέγματος πληρουμένη
φρικῶδες ἀντεφθέγγετ', εἰσορῶσι δὲ
κρεῖσσον θέαμα δεργμάτων ἐφαίνετο.
εὐθὺς δὲ πώλοις δεινὸς ἐμπίπτει φόβος·
καὶ δεσπότης μὲν ἱππικοῖσιν ἤθεσι
πολὺς ξυνοικῶν ἥρπασ' ἡνίας χεροῖν,
ἕλκει δὲ κώπην ὥστε ναυβάτης ἀνὴρ
ἱμᾶσιν ἐς τοὔπισθεν ἀρτήσας δέμας·

αἳ δ' ἐνδακοῦσαι στόμια πυριγενῆ γνάθοις
βίᾳ φέρουσιν, οὔτε ναυκλήρου χερὸς
οὔθ' ἱπποδέσμων οὔτε κολλητῶν ὄχων
μεταστρέφουσαι. κεἰ μὲν ἐς τὰ μαλθακὰ
γαίας ἔχων οἴακας εὐθύνοι δρόμον,
προὐφαίνετ' ἐς τοὔμπροσθεν, ὥστ' ἀναστρέφειν,
ταῦρος, φόβῳ τέτρωρον ἐκμαίνων ὄχον·
εἰ δ' ἐς πέτρας φέροιντο μαργῶσαι φρένας,
σιγῇ πελάζων ἄντυγι ξυνείπετο,
ἐς τοῦθ' ἕως ἔσφηλε κἀνεχαίτισεν,
ἀψῖδα πέτρῳ προσβαλὼν ὀχήματος·
σύμφυρτα δ' ἦν ἅπαντα· σύριγγές τ' ἄνω
τροχῶν ἐπήδων ἀξόνων τ' ἐνήλατα.
αὐτὸς δ' ὁ τλήμων ἡνίαισιν ἐμπλακεὶς
δεσμὸν δυσεξήνυστον ἕλκεται δεθεὶς,
σποδούμενος μὲν πρὸς πέτραις φίλον κάρα
θραύων τε σάρκας, δεινὰ δ' ἐξαυδῶν κλύειν,
στῆτ', ὦ φάτναισι ταῖς ἐμαῖς τεθραμμέναι,
μή μ' ἐξαλείψητ'. ὦ πατρὸς τάλαιν' ἀρά.
τίς ἄνδρ' ἄριστον βούλεται σῶσαι παρών;
πολλοὶ δὲ βουληθέντες ὑστέρῳ ποδὶ
ἐλειπόμεσθα. χὡ μὲν ἐκ δεσμῶν λυθεὶς
τμητῶν ἱμάντων οὐ κάτοιδ' ὅτῳ τρόπῳ
πίπτει, βραχὺν δὴ βίοτον ἐμπνέων ἔτι·
ἵπποι δ' ἔκρυφθεν καὶ τὸ δύστηνον τέρας
ταύρου λεπαίας οὐ κάτοιδ' ὅποι χθονός.
δοῦλος μὲν οὖν ἔγωγε σῶν δόμων, ἄναξ,
ἀτὰρ τοσοῦτόν γ' οὐ δυνήσομαί ποτε
τὸν σὸν πιθέσθαι παῖδ' ὅπως ἐστὶν κακὸς,
οὐδ' εἰ γυναικῶν πᾶν κρεμασθείη γένος
καὶ τὴν ἐν Ἴδῃ γραμμάτων πλήσειέ τις
πεύκην, ἐπεί νιν ἐσθλὸν ὄντ' ἐπίσταμαι.

ΧΟ. αἰαῖ. κέκρανται συμφορὰ νέων κακῶν,
οὐδ' ἔστι μοίρας τοῦ χρεών τ' ἀπαλλαγή.

ΘΗ. μίσει μὲν ἀνδρὸς τοῦ πεπονθότος τάδε
λόγοισιν ἥσθην τοῖσδε· νῦν δ' αἰδούμενος

θεούς τ᾽ ἐκεῖνόν θ᾽, οὕνεκ᾽ ἐστὶν ἐξ ἐμοῦ,
οὔθ᾽ ἥδομαι τοῖσδ᾽ οὔτ᾽ ἐπάχθομαι κακοῖς.

ΕΞ. πῶς οὖν; κομίζειν, ἢ τί χρὴ τὸν ἄθλιον
δράσαντας ἡμᾶς σῇ χαρίζεσθαι φρενί;
φρόντιζ᾽· ἐμοῖς δὲ χρώμενος βουλεύμασιν
οὐκ ὠμὸς ἐς σὸν παῖδα δυστυχοῦντ᾽ ἔσει.

ΘΗ. κομίζετ᾽ αὐτὸν, ὡς ἰδὼν ἐν ὄμμασι
τὸν τἄμ᾽ ἀπαρνηθέντα μὴ χρᾶναι λέχη
λόγοις τ᾽ ἐλέγξω δαιμόνων τε συμφοραῖς.

ΧΟ. σὺ τὰν θεῶν ἄκαμπτον φρένα καὶ βροτῶν ἄγεις,
Κύπρι·
σὺν δ᾽ ὁ ποικιλόπτερος ἀμφιβαλὼν
ὠκυτάτῳ πτερῷ.
ποτᾶται δὲ γαῖαν εὐάχητόν θ᾽ ἁλμυρὸν ἐπὶ πόντον.
θέλγει δ᾽ Ἔρως, ᾧ μαινομένᾳ κραδίᾳ
πτανὸς ἐφορμάσῃ
χρυσοφαὴς, φύσιν
ὀρεσκόων σκυλάκων
πελαγίων θ᾽ ὅσα τε γᾶ τρέφει,
τὰν Ἅλιος αἰθομέναν δέρκεται,
ἄνδρας τε· συμπάντων βασιληίδα τιμὰν,
Κύπρι, τῶνδε μόνα κρατύνεις.

ΑΡΤΕΜΙΣ.

σὲ τὸν εὐπατρίδαν Αἰγέως κέλομαι
παῖδ᾽ ἐπακοῦσαι·
Λητοῦς δὲ κόρη σ᾽ Ἄρτεμις αὐδῶ.
Θησεῦ, τί τάλας τοῖσδε συνήδει,
παῖδ᾽ οὐχ ὁσίως σὸν ἀποκτείνας,
ψευδέσι μύθοις ἀλόχου πεισθεὶς
ἀφανῆ; φανερὰ δ᾽ εἷλέν σ᾽ ἄτη.
πῶς οὐχ ὑπὸ γῆς τάρταρα κρύπτεις
δέμας αἰσχυνθεὶς,
ἢ πτηνὸς ἄνω μεταβὰς βίοτον
πήματος ἔξω πόδα τοῦδ᾽ ἀνέχεις;
ὡς ἔν γ᾽ ἀγαθοῖς ἀνδράσιν οὔ σοι

κτητὸν βιότου μέρος ἐστίν.
ἄκουε, Θησεῦ, σῶν κακῶν κατάστασιν·
καίτοι προκόψω γ' οὐδέν, ἀλγυνῶ δὲ σέ.
ἀλλ' ἐς τόδ' ἦλθον, παιδὸς ἐκδεῖξαι φρένα
τοῦ σοῦ δικαίαν, ὡς ὑπ' εὐκλείας θάνῃ,
καὶ σῆς γυναικὸς οἶστρον, ἢ τρόπον τινὰ
γενναιότητα· τῆς γὰρ ἐχθίστης θεῶν
ἡμῖν ὅσαισι παρθένειος ἡδονὴ
δηχθεῖσα κέντροις παιδὸς ἠράσθη σέθεν.
γνώμῃ δὲ νικᾶν τὴν Κύπριν πειρωμένη
τροφοῦ διώλετ' οὐχ ἑκοῦσα μηχαναῖς,
ἣ σῷ δι' ὅρκων παιδὶ σημαίνει νόσον.
ὁ δ', ὥσπερ οὖν δίκαιον, οὐκ ἐφέσπετο
λόγοισιν, οὐδ' αὖ πρὸς σέθεν κακούμενος
ὅρκων ἀφεῖλε πίστιν, εὐσεβὴς γεγώς.
ἡ δ' εἰς ἔλεγχον μὴ πέσῃ φοβουμένη
ψευδεῖς γραφὰς ἔγραψε, καὶ διώλεσε
δόλοισι σὸν παῖδ', ἀλλ' ὅμως ἔπεισέ σε.

ΘΗ. οἴμοι.

ΑΡ. δάκνει σε, Θησεῦ, μῦθος; ἀλλ' ἔχ' ἥσυχος,
τοὐνθένδ' ἀκούσας ὡς ἂν οἰμώξῃς πλέον.
ἆρ' οἶσθα πατρὸς τρεῖς ἀρὰς ἔχων σαφεῖς;
ὧν τὴν μίαν παρεῖλες, ὦ κάκιστε σύ,
ἐς παῖδα τὸν σόν, ἐξὸν εἰς ἐχθρῶν τινά.
πατὴρ μὲν οὖν σοι πόντιος φρονῶν καλῶς
ἔδωχ' ὅσονπερ χρῆν, ἐπείπερ ᾔνεσεν·
σὺ δ' ἔν τ' ἐκείνῳ κἀν ἐμοὶ φαίνει κακός,
ὃς οὔτε πίστιν οὔτε μάντεων ὄπα
ἔμεινας, οὐδ' ἤλεγξας, οὐ χρόνῳ μακρῷ
σκέψιν γ' ἔνειμας, ἀλλὰ θᾶσσον ἤ σ' ἐχρῆν
ἀρὰς ἀφῆκας παιδὶ καὶ κατέκτανες.

ΘΗ. δέσποιν', ὀλοίμην.

ΑΡ. δείν' ἔπραξας, ἀλλ' ὅμως
ἔτ' ἔστι καὶ σοὶ τῶνδε συγγνώμης τυχεῖν·
Κύπρις γὰρ ἤθελ' ὥστε γίγνεσθαι τάδε,
πληροῦσα θυμόν. θεοῖσι δ' ὧδ' ἔχει νόμος·

οὐδεὶς ἀπαντᾶν βούλεται προθυμίᾳ
τῇ τοῦ θέλοντος, ἀλλ᾽ ἀφιστάμεσθ᾽ ἀεί.
ἐπεὶ σάφ᾽ ἴσθι, Ζῆνα μὴ φοβουμένη,
οὐκ ἄν ποτ᾽ ἦλθον ἐς τόδ᾽ αἰσχύνης ἐγὼ
ὥστ᾽ ἄνδρα πάντων φίλτατον βροτῶν ἐμοὶ
θανεῖν ἐᾶσαι. τὴν δὲ σὴν ἁμαρτίαν
τὸ μὴ εἰδέναι μὲν πρῶτον ἐκλύει κάκης·
ἔπειτα δ᾽ ἡ θανοῦσ᾽ ἀνάλωσεν γυνὴ
λόγων ἐλέγχους ὥστε σὴν πεῖσαι φρένα.
μάλιστα μὲν νῦν σοὶ τάδ᾽ ἔρρωγεν κακά,
λύπη δὲ κἀμοί· τοὺς γὰρ εὐσεβεῖς θεοὶ
θνῄσκοντας οὐ χαίρουσι· τούς γε μὴν κακοὺς
αὐτοῖς τέκνοισι καὶ δόμοις ἐξόλλυμεν.

ΧΟ. καὶ μὴν ὁ τάλας ὅδε δὴ στείχει,
σάρκας νεαρὰς
ξανθόν τε κάρα διαλυμανθείς.
ὦ πόνος οἴκων, οἷον ἐκράνθη
δίδυμον μελάθροις
πένθος θεόθεν καταληπτόν.

ΙΠ. αἰαῖ αἰαῖ,
δύστανος ἐγώ, πατρὸς ἐξ ἀδίκου
χρησμοῖς ἀδίκοις διελυμάνθην.
ἀπόλωλα τάλας, οἴμοι μοι.
διά μου κεφαλᾶς ᾄσσουσ᾽ ὀδύναι,
κατὰ δ᾽ ἐγκέφαλον πηδᾷ σφάκελος.
σχές, ἀπειρηκὸς σῶμ᾽ ἀναπαύσω.
ἒ ἔ.
ὦ στυγνὸν ὄχημ᾽ ἵππειον, ἐμῆς
βόσκημα χερός,
διά μ᾽ ἔφθειρας, κατὰ δ᾽ ἔκτεινας.
φεῦ φεῦ· πρὸς θεῶν, ἀτρέμας, δμῶες,
χροὸς ἑλκώδους ἅπτεσθε χεροῖν.
τίς ἐφέστηκεν δεξιὰ πλευροῖς;
πρόσφορά μ᾽ αἴρετε, σύντονα δ᾽ ἕλκετε
τὸν κακοδαίμονα καὶ κατάρατον
πατρὸς ἀμπλακίαις. Ζεῦ Ζεῦ, τάδ᾽ ὁρᾷς;

ὅδ' ὁ σεμνὸς ἐγὼ καὶ θεοσέπτωρ,
ὅδ' ὁ σωφροσύνῃ πάντας ὑπερσχὼν
προὖπτον ἐς Ἅιδαν στείχω κατὰ γᾶς,
ὀλέσας βίοτον·
μόχθους δ' ἄλλως τῆς εὐσεβίας
εἰς ἀνθρώπους ἐπόνησα·
αἰαῖ αἰαῖ.
καὶ νῦν ὀδύνα μ' ὀδύνα βαίνει.
μέθετέ με τὸν τάλανα·
καί μοι θάνατος παιὰν ἔλθοι.
προσαπόλλυτέ μ' ὄλλυτε τὸν δυσδαίμονά μ'· ἀμφι-
τόμου
λόγχας ἔραμαι διαμοιρᾶσαι,
διά τ' εὐνᾶσαι τὸν ἐμὸν βίοτον.
ὦ πατρὸς ἐμοῦ δύστανος ἀρά,
μιαιφόνων τε συγγόνων,
παλαιῶν προγεννητόρων
ἐξορίζεται κακὸν, οὐδὲ μέλλει,
ἔμολέ τ' ἐπ' ἐμὲ τί ποτε τὸν οὐδὲν ὄντ' ἐπαίτιον
κακῶν;
ὤμοι μοι, τί φῶ;
πῶς ἀπαλλάξω βιοτὰν
ἐμὰν τοῦδ' ἀναλγήτου πάθους;
εἴθε με κοιμίσειε τὸν δυσδαίμονα
Ἅιδου μέλαινα νύκτερός τ' ἀνάγκα.
ΑΡ. ὦ τλῆμον, οἵᾳ ξυμφορᾷ ξυνεζύγης·
τὸ δ' εὐγενές σε τῶν φρενῶν διώλεσεν.
ΙΠ. ἔα.
ὦ θεῖον ὀδμῆς πνεῦμα· καὶ γὰρ ἐν κακοῖς
ὢν ᾐσθόμην σου κἀνεκουφίσθην δέμας·
ἔστ' ἐν τόποισι τοισίδ' Ἄρτεμις θεά.
ΑΡ. ὦ τλῆμον, ἔστι, σοί γε φιλτάτη θεῶν.
ΙΠ. ὁρᾷς με, δέσποιν', ὡς ἔχω, τὸν ἄθλιον;
ΑΡ. ὁρῶ· κατ' ὄσσων δ' οὐ θέμις βαλεῖν δάκρυ.
ΙΠ. οὐκ ἔστι σοι κυναγὸς οὐδ' ὑπηρέτης.
ΑΡ. οὐ δῆτ'· ἀτάρ μοι προσφιλὴς ἀπόλλυσαι.

ΙΠ. οὐδ' ἱππονώμας οὐδ' ἀγαλμάτων φύλαξ.
ΑΡ. Κύπρις γὰρ ἡ πανοῦργος ὧδ' ἐμήσατο.
ΙΠ. ὤμοι. φρονῶ δὴ δαίμον' ἥ μ' ἀπώλεσε.
ΑΡ. τιμῆς ἐμέμφθη, σωφρονοῦντι δ' ἤχθετο.
ΙΠ. τρεῖς ὄντας ἡμᾶς ὤλεσ', ᾔσθημαι, μία.
ΑΡ. πατέρα τε καὶ σὲ καὶ τρίτην ξυνάορον.
ΙΠ. ᾤμωξα τοίνυν καὶ πατρὸς δυσπραξίας.
ΑΡ. ἐξηπατήθη δαίμονος βουλεύμασιν.
ΙΠ. ὦ δυστάλας σὺ τῆσδε συμφορᾶς, πάτερ.
ΘΗ. ὄλωλα, τέκνον, οὐδέ μοι χάρις βίου.
ΙΠ. στένω σὲ μᾶλλον ἢ 'μὲ τῆς ἁμαρτίας.
ΘΗ. εἰ γὰρ γενοίμην, τέκνον, ἀντὶ σοῦ νεκρός.
ΙΠ. ὦ δῶρα πατρὸς σοῦ Ποσειδῶνος πικρά.
ΘΗ. ὡς μήποτ' ἐλθεῖν ὤφελ' ἐς τοὐμὸν στόμα.
ΙΠ. τί δ'; ἔκτανές τἄν μ', ὡς τότ' ἦσθ' ὠργισμένος.
ΘΗ. δόξης γὰρ ἦμεν πρὸς θεῶν ἐσφαλμένοι.
ΙΠ. φεῦ.
εἴθ' ἦν ἀραῖον δαίμοσιν βροτῶν γένος.
ΑΡ. ἔασον· οὐ γὰρ οὐδὲ γῆς ὑπὸ ζόφον
θεᾶς ἄτιμοι Κύπριδος ἐκ προθυμίας
ὀργαὶ κατασκήψουσιν ἐς τὸ σὸν δέμας,
σῆς εὐσεβείας κἀγαθῆς φρενὸς χάριν.
ἐγὼ γὰρ αὐτῆς ἄλλον ἐξ ἐμῆς χερὸς
ὃς ἂν μάλιστα φίλτατος κυρῇ βροτῶν
τόξοις ἀφύκτοις τοῖσδε τιμωρήσομαι.
σοὶ δ', ὦ ταλαίπωρ', ἀντὶ τῶνδε τῶν κακῶν
τιμὰς μεγίστας ἐν πόλει Τροιζηνίᾳ
δώσω· κόραι γὰρ ἄζυγες γάμων πάρος
κόμας κεροῦνταί σοι, δι' αἰῶνος μακροῦ
πένθη μέγιστα δακρύων καρπουμένῳ.
ἀεὶ δὲ μουσοποιὸς ἐς σὲ παρθένων
ἔσται μέριμνα, κοὐκ ἀνώνυμος πεσὼν
ἔρως ὁ Φαίδρας ἐς σὲ σιγηθήσεται.
σὺ δ', ὦ γεραιοῦ τέκνον Αἰγέως, λαβὲ
σὸν παῖδ' ἐν ἀγκάλαισι καὶ προσέλκυσαι·
ἄκων γὰρ ὤλεσάς νιν· ἀνθρώποισι δὲ

θεῶν διδόντων εἰκὸς ἐξαμαρτάνειν.
καὶ σοὶ παραινῶ πατέρα μὴ στυγεῖν σέθεν,
Ἱππόλυτ᾽· ἔχεις γὰρ μοῖραν ᾗ διεφθάρης.
καὶ χαῖρ᾽· ἐμοὶ γὰρ οὐ θέμις φθιτοὺς ὁρᾶν,
οὐδ᾽ ὄμμα χραίνειν θανασίμοισιν ἐκπνοαῖς·
ὁρῶ δέ σ᾽ ἤδη τοῦδε πλησίον κακοῦ.

ΙΠ. χαίρουσα καὶ σὺ στεῖχε, παρθέν᾽ ὀλβία·
μακρὰν δὲ λείπεις ῥᾳδίως ὁμιλίαν.
λύω δὲ νεῖκος πατρὶ χρῃζούσης σέθεν·
καὶ γὰρ πάροιθε σοῖς ἐπειθόμην λόγοις.
αἰαῖ· κατ᾽ ὄσσων κιγχάνει μ᾽ ἤδη σκότος.
λαβοῦ, πάτερ, μου, καὶ κατόρθωσον δέμας.

ΘΗ. ὤμοι, τέκνον, τί δρᾷς με τὸν δυσδαίμονα;

ΙΠ. ὄλωλα, καὶ δὴ νερτέρων ὁρῶ πύλας.

ΘΗ. ἦ τὴν ἐμὴν ἄναγνον ἐκλιπὼν φρένα;

ΙΠ. οὐ δῆτ᾽, ἐπεί σε τοῦδ᾽ ἐλευθερῶ φόνου.

ΘΗ. τί φῄς; ἀφίης αἵματός μ᾽ ἐλεύθερον;

ΙΠ. τὴν τοξόδαμνον Ἄρτεμιν μαρτύρομαι.

ΘΗ. ὦ φίλταθ᾽, ὡς γενναῖος ἐκφαίνει πατρί.

ΙΠ. ὦ χαῖρε καὶ σὺ, χαῖρε πολλά μοι, πάτερ.

ΘΗ. ὤμοι φρενὸς σῆς εὐσεβοῦς τε κἀγαθῆς.

ΙΠ. τοιῶνδε παίδων γνησίων εὔχου τυχεῖν.

ΘΗ. μή νυν προδῷς με, τέκνον, ἀλλὰ καρτέρει.

ΙΠ. κεκαρτέρηται τἄμ᾽· ολωλα γὰρ, πάτερ·
κρύψον δέ μου προσωπον ὡς τάχος πέπλοις.

ΘΗ. ὦ κλείν᾽ Ἀθηνῶν Παλλάδος θ᾽ ὁρίσματα,
οἵου στερήσεσθ᾽ ἀνδρός. ὦ τλήμων ἐγώ.
ὡς πολλὰ, Κύπρι, σῶν κακῶν μεμνήσομαι.

ΧΟ. κοινὸν τόδ᾽ ἄχος πᾶσι πολίταις
ἦλθεν ἀέλπτως.
πολλῶν δακρύων ἔσται πίτυλος·
τῶν γὰρ μεγάλων ἀξιοπενθεῖς
φῆμαι μᾶλλον κατέχουσιν.

NOTES.

1. Πολλὴ κοὐκ ἀνώνυμος κέκλημαι is either a poetical way of saying πολλὰ ὀνόματα κέκλημαι or ἔχω, or, which is perhaps better, we may understand μεγάλη εἰμὶ ἐν βροτοῖς καὶ πολλὰ ὀνόματα κεκλημένη, e.g. Κύπρις, Ἀφροδίτη, Κυθέρεια, Astarte in Phoenicia, &c. In this sense πολλὴ occurs inf. 443.

3. πόντου] The habitable world was thought to lie nearly in the sun's path from east to west, or, in other words, from the unknown eastern region beyond the Euxine to where the western continent is bounded by the Atlantic. So in *Od.* i. 24 the Ethiopians are said to dwell, some where the sun rises and others where he sets, i.e. across tropical Africa. Plato, *Phaedo*, p. 109 B, ἡμᾶς οἰκεῖν τοὺς μέχρι Ἡρακλείων στηλῶν ἀπὸ Φάσιδος ἐν σμικρῷ τινι μορίῳ.—φῶς ὁρῶντες ἡλίου implies that the sun's light is shed on those who live under his midway course, other parts of the world being supposed to lie in darkness or under a shade.

5. τοὺς μὲν κ.τ.λ.] The sense is, πάντων ὅσοι ναίουσιν κ.τ.λ. τοὺς μὲν ἐμὲ σέβοντας τιμῶ, τοὺς δὲ μέγα φρονοῦντας σφάλλω.

9. μύθων τῶνδε] The statements that those who despise love will meet with misfortune, and that the gods delight to be held in honour. The Schol. observes that the remark may be either a general or a particular one.

10. Ἀμαζόνος] Theseus had a son by a captive Amazon Antiope, and called him Hippolytus, after Hippolyte the queen of the Amazons. Cf. inf. 351.

11. παιδεύματα] 'brought up by the chaste Pittheus,' who in *Med.* 684 is called παῖς Πέλοπος εὐσεβέστατος. In *Androm.* 1101 sheep are elegantly described as φυλλάδος Παρνασσίας παιδεύματα. Hippolytus had been trained by Pittheus to a chastity which was carried so far as to lead him to denounce the goddess of love; and it is this which now brings upon him the anger of Cypris.

12. μόνος] The snake entwining the staff of Aesculapius is a well-known symbol of the worship of nature-powers, to which Troezen, where he was especially honoured, seems to have been addicted. The offence of Hippolytus was aggravated by his being the only recusant.

15. Ἄρτεμιν] As the virgin goddess, her society and her worship were sought by Hippolytus. Aphrodite here speaks with the jealousy of a rival. It was not only that she was neglected, but that Artemis was preferred.

18. ἐξαιρεῖ] he destroys, removes from the earth, ἀφανίζει. So *Herc. F.* 89, τὸν Νέμειον θῆρ' ἐξελεῖν.

19. προσπεσών] Schol. ἐντυχών.

20. τούτοισι] Phoebus and his sister, who share in the honours paid by Hippolytus. The goddess here asserts that the vengeance she will wreak on the man is not due to any feeling of jealousy towards other gods, but to the insults she has directly received from him. An expression of his feeling towards Aphrodite occurs inf. 113.

23. προκόψασα] A *nominativus pendens*, and a figure of speech borrowed from pioneers. *Alc.* 1079, τί δ' ἂν προκόπτοις, εἰ θέλοις ἀεὶ στένειν; Thuc. vii. 56, τοῦ ναυτικοῦ μέγα μέρος προκόψαντες. *Hec.* 960, ἀλλὰ ταῦτα μὲν τί δεῖ θρηνεῖν, προκόπτοντ' οὐδὲν ἐς πρόσθεν κακῶν; The meaning is, that she had already prepared, or cleared the way for, the downfall of Hippolytus by causing Phaedra to fall in love with him.

25. ἐς ὄψιν καὶ τέλη] These are technical terms. As a virtuous youth, Hippolytus was early admitted to the holy mysteries, first at Athens, but afterwards in the fuller initiation, τὰ τέλεα καὶ ἐποπτικὰ, at Eleusis, οὗ πότνιαι σεμνὰ τιθηνοῦνται τέλη θνατοῖσιν, Soph. *Oed. Col.* 1050. Like the 'Catechumens' of the early Church, which borrowed the term μυστήρια from the Greek rite, the younger devotees were not at first admitted to the plenary privileges.

27. κατείχετο] 'was possessed.' The recent editors retain κατέσχετο, used as an intransitive epic aorist, as in *Il.* iii. 419, βῆ δὲ κατασχομένη ἑανῷ ἀργῆτι φαεινῷ.

29. πρὶν ἐλθεῖν] Before Phaedra came to Troezen from Athens, as the bride of Theseus, on his retiring from his native city (34), she caused a temple to be built in honour of the goddess who had inspired her, close under the Acropolis, and commanding a view of Troezen across the Saronic Gulf.

32. ἔρωτ' ἔκδημον] 'smitten with the love of one far from her home,' i.e. a stranger and visitor from Troezen; for Hippolytus had lived there in the house of Pittheus since Theseus had been married to his Cretan wife Phaedra. —Ἱππολύτῳ ἔπι, 'with a view to securing the love of Hippolytus.' The goddess who had helped her so far would,

as she hoped, in return for the honour of a shrine, enable her to win the man she loved. The temple in question was that of Aphrodite Pandemos and Peitho, at the S.W. angle of the Acropolis (Wordsworth, *Athens and Attica*, p. 140). It had been built and dedicated by Theseus in commemoration of the union of the Attic demes under one government; but Phaedra altered its destination, and decreed that henceforth (τὸ λοιπὸν) the statue of the goddess should stand there to gain for her the object of her love. It seems that she changed the name also and called the temple, or its περίβολος, the 'Ἱππολύτειον. Compare Θετίδειον, *Androm.* 20, 'Ορέστειον, *Or.* 1647. The Scholiasts explain πέτραν Παλλάδος to mean a mountain in Attica called Γλαυκώπιον, lying opposite to Troezen; but one scholium is ἐν γὰρ τῇ ἀκροπόλει ἱδρύσατο 'Αφροδίτης ναὸν ἐπὶ κακῷ 'Ιππολύτου. Cf. *Oed. Col.* 1600, εὐχλόου Δήμητρος εἰς προσόψιον πάγον μολοῦσα.

34. ἐπεὶ δέ] Answering to πρὶν μὲν in 29. When however Phaedra came to Troezen, where Hippolytus also resided, her love for him increased, and she pined in silence. Theseus had consented to the voluntary exile of a year from Athens for having put to death the sons (or one of the sons) of Pallas the son of Pandion, who were desirous of usurping the sovereign power at Athens. This was the legal penalty for ἑκὼν φόνος, together with the payment of ποινὴ or 'blood-money.' Thus in *Or.* 1645, Orestes is ordered by Apollo to reside for a year in Arcadia for killing his mother.

41. οὔτι ταύτῃ] Cf. *Med.* 365, ἀλλ' οὔτι ταύτῃ ταῦτα, μὴ δοκεῖτέ πω.—πεσεῖν, to fall vain, to end in nothing, i.e. in the mere fact of her being in love. Cf. 1429, οὐκ ἀνώνυμος πεσὼν ἔρως ὁ Φαίδρας εἰς σὲ σιγηθήσεται.

47. εὐκλεὴς μέν] 'Though a princess, the daughter of Minos king of Crete, and the wife of Theseus, still Phaedra must die to satisfy my vengeance on Hippolytus.' For (she adds) 'I will not make her suffering of such superior importance as to interfere with my purpose against my enemy.' Cf. Aesch. *Eum.* 610, πατρὸς προτιμᾷ Ζεὺς μόρον, *ibid.* 709, οὕτω γυναικὸς οὐ προτιμήσω μόρον.

49. τὸ μὴ οὐ] i.e. ὥστε μή, the οὐ being superadded in consequence of the preceding οὐ. *Prom. V.* 805, οὐκ ἐναντιώσομαι τὸ μὴ οὐ γεγωνεῖν, *ibid.* 939, οὐδὲν γὰρ αὐτῷ ταῦτ' ἐπαρκέσει τὸ μὴ οὐ πεσεῖν ἀτίμως. Inf. 658.

53. ἔξω βήσομαι] It was the custom of goddesses not to appear to mortal sight. Cf. 1391—3, and 86; Soph. *Ajax* 15, where ἄποπτος seems to mean 'out of sight.'

54. ὀπισθόπους] 'following his steps,' lit. 'with following feet.'—κῶμος, a revelling company of any kind, generally associated with marching and song. Here we may suppose

they are attired as hunters; cf. 109. They form a secondary or supernumerary chorus, of which there are several examples both in the tragic and the comic drama.—λέλακεν (λακεῖν), 'is uttering noisy strains,' 'is singing in loud tones.'

56. οὐ γὰρ οἶδ'] If he knew his death was so near at hand, he would sing a very different strain.

58. Hippolytus is heard approaching, and calling to his attendants to celebrate the praise of Artemis, not however as the huntress, but rather as the virgin goddess (66). His devout mind (like that of the young Ion, v. 127 seqq.) is bent on performing a solemn act of worship. He appears on the stage bearing a wreath, which he offers, perhaps kneeling before her statue. It was from this incident that the title of Στεφανηφόρος was given to the play.

68. εὐπατέρειαν] Schol. τὴν καλλίστην τοῦ πατρὸς Διὸς αὐλήν. In *Il.* vi. 292 Helen has this epithet, which Hesych. explains by ἀγαθοῦ πατρὸς θυγατέρα. Here εὐπατέρει' ἀν' αὐλὴν (or οἶκον) has been proposed. The accusative can only mean ἀγαθοῦ πατρὸς αὐλήν. Compare εὔπαις, εὐπάρθενος, εὔχειρ.

73. This very beautiful address to Artemis is a noble eulogy on youthful virtue. The flowers are culled by a pure hand from an untouched meadow for the service of a chaste goddess.

75. ἀξιοῖ] 'claims the right.'

76. σίδηρος] the reaper's hook or the pruner's knife.

78. Αἰδώς] 'religious respect,' or perhaps, 'virgin modesty.' This is said κηπεύειν, 'to keep it like a garden by watering it from the pure running streams.' The verb is used transitively also in *Troad.* 1175, ὃν πόλλ' ἐκήπευσ' ἡ τεκοῦσα βόστρυχον. The sense perhaps is, that a modest or respectful hand waters the flowers with pure running water. But the 'meadow' may be altogether an allegorical one, i. e. the garden of youthful innocence, as the Schol. says it was understood by some. Thus the meaning will really be, that he makes an offering to Artemis of his virgin life. So βαθεῖαν ἄλοκα φρενὸς, ἐξ ἧς τὰ κεδνὰ βλαστάνει βουλεύματα, in Aesch. *Theb.* 590. Nor is this view inconsistent with the actual presentation of a wreath, which might bear a symbolical meaning.

79. He goes on to say, with reference to Orphic doctrines of natural and not merely taught virtue, that only the pure-minded can have access to the meadow, which he views as a kind of τέμενος of the virgin goddess. Cf. Virg. *Aen.* vii. 203, 'Saturni gentem, haud vinclo nec legibus aequam, Sponte sua veterisque dei se more tenentem.' Hor. *Carm.* iii. 24. 35, 'quid leges sine moribus vanae proficiunt?'

ibid. ὅσοις] Porson proposed ὅστις, as the perfect of λαγχάνω is only found transitively. Some think this passage is made up by a later hand from *Bacch.* 315, ἀλλ' ἐν τῇ φύσει τὸ σωφρονεῖν ἔνεστιν ἐς τὰ πάντ' ἀεί. We might here read ἀλλ' εἴ τις φύσει κ.τ.λ., supplying ἐστὶ with διδακτόν.

87. κάμψαιμι] A metaphor from the stadium, the middle or turning-point of life being compared with the pillar at the farther end of the course. Cf. inf. 140. The sense is, 'May I finish my earthly career as virtuously as I began it.' This, in effect, is a repudiation of marriage and of the worship of Aphrodite. Against this the attendant in the following dialogue ventures to expostulate.

88. θεοὺς γάρ] 'I use the term ἄναξ and not δεσπότης, reserving the latter for the gods alone.' Others explain, 'For the gods who are our masters (i.e. Aphrodite among others) ought to be invoked by us.'

91. βροτοῖσιν] Emphatic, and opposed to θεοῖσι in 97. 'If mortals hate reserve and want of cordiality, so also do the gods.' Cf. sup. 8. For this use of σεμνὸν see *Med.* 214, οἶδα γὰρ πολλοὺς βροτῶν σεμνοὺς γεγῶτας.

95. ἐν δέ κ.τ.λ.] 'Well, is there not (on the other hand) something agreeable in affable people?' The man speaks sententiously and indirectly at first, wishing gently to reprove his master for rejecting the cult of the goddess of love.

99. πῶς οὖν σύ] 'Then how is it that *you* have nothing to say to so worshipful a goddess?'

100. εὐλαβοῦ] The remark seems made from a notion that the goddesses commonly called Σεμναὶ (the Eumenides) were in the attendant's thoughts; and it was considered ill-omened even to name them, *Oed. Col.* 129.

101. πύλαισι σαῖς] It is evident that a statue of Aphrodite as well as one of Artemis stood on the stage; or, possibly, some symbol of the goddess was placed before the central door (προστατηρία).

102. πρόσωθεν] As a religious man, he does not reject *all* worship of the goddess, but says it is not paid from intimate and familiar intercourse.

105. εὐδαιμονοίης] 'I wish you well,—that is, when you have as much sense as you ought.' The formula occurs in Ar. *Ach.* 446 and 457, implying an ironical hope that no harm will come from something said or done.

107. τιμαῖς] 'the prerogatives,' i.e. the ἔργα Ἀφροδίτης given for man's benefit.

108. παρελθόντες] 'entering.' See on *Medea* 1137.

110. καταψήχειν] καταψᾶν, Ar. *Pac.* 75, 'to rub down,' or smooth the coats of, the horses. By this command Hippolytus shows his manly pursuits in contrast with the more effeminate votaries of the goddess whom he disowns.

112. τὰ πρόσφορα] supply γυμνάσματα, 'that when I have taken sufficient food I may give them their proper exercise.'

113. ἐγώ] with emphasis, and said with an ironical laugh.

115. δούλοις λέγειν] Perhaps δούλους λέγω, 'I speak of slaves,' whose sentiments are likely to be more humble. Others propose φρονεῖν for λέγειν. If the text is right, the infinitive refers to the expression of the thought; 'holding such opinions as it becomes slaves to avow.'

118. ἔντονον] Lit. 'strained tight,' not willing to relax or relent, *pervicax ingenium*.

119. μὴ δόκει] 'pretend not to hear him.' Compare inf. 463, μὴ δοκεῖν ὁρᾶν, and *Med.* 67, οὐ δοκῶν κλύειν, and for the double accusative with βάζειν, *Rhes.* 718, πολλὰ δὲ τὰν βασιλίδ' ἑστίαν 'Ατρειδᾶν κακῶς ἔβαζε.

121. The chorus of Troezenian matrons relate the manner in which they were informed that Phaedra is pining with some mysterious malady. They conjecture that some seizure or possession has come upon her, or that she has incurred the anger of some god. Perhaps, too, jealousy of her husband may be the cause; or some hysterical affection, or even the news of the death of some friend.

ibid. λέγεται] There was an old opinion (*Il.* xxi. 196) that all rivers emanated from the sea. Hence the sense is, 'there is a rock which is spoken of as dropping water from ocean, when it sends forth from the hanging cliffs a flowing spring in which pitchers may be dipped.' This is a piece of philosophy rather out of place. By βαπτὰν κάλπισι it is meant that the water is πότιμον, not salt nor brackish, though derived from the sea.

125. ὅθι] i.e. οὗ, to be construed with τέγγουσα. 'Here a friend of mine was dipping (lit. I had a friend dipping) robes of purple dye in the river-spray, and laying them out to dry on the back of a sunny rock.' The Tyrian dyes were thought to be improved by exposure to the sunlight. Cf. *Hel.* 179, κυανοειδὲς ἀμφ' ὕδωρ ἔτυχον ἕλικά τ' ἀνὰ χλόαν φοίνικας ἁλίῳ πέπλους αὐγαῖσιν ἐν ταῖς χρυσέαις ἀμφιθάλπουσ' ἔν τε δόνακος ἔρνεσιν. Hence sea-purple was παγκαίνιστος, 'capable of being entirely renewed,' Aesch. *Ag.* 933.

129. ὅθεν] Schol. ἐκ τῆς φίλης δηλονότι.

136—8. Construe δέμας ἁγνὸν ἀκτᾶς κατὰ στόματος, *cibi per os demissi*. Cf. inf. 1003, λέχους—ἁγνὸν δέμας. Hom. *Il.* xiii. 322, ὃς θνητός τ' εἴη καὶ ἔδοι Δημήτερος ἀκτήν.

139. κρυπτῷ πάθει] The causal dative: θανάτου follows τέρμα.

141—4. ἔνθεος—φοιτᾷς] 'you are distraught and possessed.' Any panic from nightly fears or apparitions was attributed to the influence of Pan or Hecate (*Ion* 1048), and any sudden madness to the Corybantes, or Cybele of whom they were the priests. Hence Κορυβαντιᾶν and Κορυβαντίζειν (Ar. *Vesp.* 119). Cf. *Eccles.* 1069, ὦ Πᾶνες ὦ Κορύβαντες ὦ Διοσκόρω. In *Lysist.* 998 and *Av.* 745, Pan is associated with Cybele, as also in Pind. *Pyth.* iii. 78.

145. σὺ δ' ἀμφὶ κ.τ.λ.] 'And it may be that you are pining away through sins committed in regard to Dictynna the huntress, unholy in her sight through unoffered sacrifices.' As a Cretan princess, Phaedra should have especially honoured the Cretan Artemis Dictynna.—ἀθύτων, cf. Aesch. *Ag.* 70, ἀπύρων ἱερῶν ὀργάς.—πολύθηρος, perhaps from θήρα, one who is much engaged in the chase.

148. φοιτᾷ] she ranges far and wide over land and sea. Cf. inf. 447. The meaning is that though Phaedra is no longer in Crete she still may be overtaken by the goddess in her wrath. Perhaps we should read χέρσον θ' ὕπερ, and construe δίναις πελάγους as the ablative of the mode.

151. ἢ πόσιν κ.τ.λ.] 'Or is it that your noble husband, the ruler of the sons of Erechtheus, is beguiled by some woman in the house by a connexion kept secret from your bed?' The words, as the Schol. remarks, equally apply to Theseus having a mistress or to Phaedra having a lover. Some make κρυπτὰ κοῖτα the subject to ποιμαίνει.—ποιμαίνει, Schol. ἀπατᾷ. So βουκολεῖν πάθος in Aesch. *Ag.* 652. (The MS. reading πημαίνει was corrected by Canter.)

157. Troezen is called 'a harbour most hospitable for sailors' because the coast of Argolis was ἀλίμενος, Aesch. *Suppl.* 748.

158. φάμαν] 'bad news,' lit. 'ominous report.' Schol. φήμην πένθους τῶν οἰκείων.

160. δέδεται] 'And through grief for what has befallen her she is confined to her bed in sorrow of heart' (lit. 'in her mind,' i.e. from mental rather than bodily ailing).

161. φιλεῖ δὲ κ.τ.λ.] 'And it is a common case for a tiresome unhappy bewilderment either from travail or from passionate desire to attend on the peevish temperament (or perhaps, 'the ill-matched union') of women.' The sense is certainly obscure: the Scholiasts interpret δυστρόπῳ ἁρμονίᾳ of the natural aversion from food felt by some women during pregnancy. Nauck reads κακᾷ, 'bad temper.' The meaning may perhaps be, that the anxieties of a coming confinement are greater when a wife is not cheered by sincere affection.

165. ἄδ' αὔρα] 'this thrill,' viz. this dread of impending travail. This shows that the chorus is composed of married women. That they were young may perhaps be inferred from v. 710, παῖδες εὐγενεῖς Τροιζήνιαι, besides that they now speak of themselves as bearing children.

170. σὺν θεοῖσι] 'And, thanks to the gods, she ever comes to me (when invoked), a much-wished-for visitor.'

171. Aristophanes the grammarian, as the Schol. tells us, remarked on this passage that the usual way of bringing the sick Phaedra before the sight of the people would be by the use of the *eccyclema*. But there is evidently much greater beauty and more of nature in the conception of the poet, that Phaedra longed for the fresh air and the light of the sun.

173. νέφος] The gloom on the countenance of the nurse is greater than before. Cf. *Electr.* 1078, οἶδ' ἐγώ σε—συννεφοῦσαν ὄμματα. *Med.* 106, ἐξαιρόμενον νέφος οἰμωγῆς.

177. The nurse, whom the poet, after his custom, makes somewhat of a philosopher, addresses Phaedra in a monody which seems to show mixed kindness and peevish impatience. Nothing, she says, seems to please her patient, who ever wants something that she has not got.

178. The μὴ shows that δράσω is the aorist subjunctive, not the future. 'What must *I* do for you, or abstain from doing?' See inf. 1354.

182. δεῦρο γάρ] 'Before, you talked of nothing but of coming here (viz. into the open air); but now, I dare say, you will be in a hurry to get back to your chamber; for you quickly find out your mistake, and you take pleasure in nothing.'

185. τὸ δ' ἀπὸν] There was a proverb ποθεῖν τὰ μὴ παρόντα.

187. κρεῖσσον δέ κ.τ.λ.] 'Well! 'tis better to be ill oneself than to nurse another. The one is simple, while the other brings both toil and trouble.' (Lit. 'while to the other is joined not only grief of heart but labour of hands.')

188. συνάπτει] used absolutely or without an object, as in *Bacch.* 52, where ξυνάψω means 'I will engage with' the enemy.

192. ἀλλ' ὅ τι κ.τ.λ.] '(We might indeed seek relief by death); but whatever other state there is more pleasing than this life, it is veiled in darkness and hidden as under a mist. Thus it is that we have a foolish fondness for the present life, because what we now see shines brightly to us on earth from want of experience of any other life, and from the non-revelation of the state of things in the world below: and so we are carried about by idle stories,' i.e. about ghosts, Cerberus, Charon, &c. This is a fine passage, and has that tone of melancholy so often found in the sentiments of a poet who was dissatisfied with the popular theology, but could find no better.

194. δυσέρωτες] Schol. μανικῶς διακείμεθα περὶ τὴν παροῦσαν ζωὴν καὶ πάνυ ἐρῶμεν ταύτης.

197. For οὐκ ἀπόδειξιν, forming one notion, Monk com-

pares *Bacch.* 455, οὐ πάλης ὕπο, 'from want of exercise,' and ὡς ἐν οὐ καιρῷ πάρει, 'how inopportune is your arrival,' *ib.* 1288.

198. Phaedra, brought on the stage in a litter, in a natural and beautiful conversation with the nurse, raves about the woods and the hunting-field, which she longs to share with Hippolytus. The poet describes the pettishness of illness with great art: compare the similar passage,—a very fine one,—in *Orest.* 211 seqq.

201. ἐπίκρανον] *quasi* ἐπικάρανον, some kind of cap or covering confining the hair. It feels to her heavy, and she asks that it may be removed, and that her long tresses may fall free over her neck.

203. χαλεπῶς] 'with pain to yourself,' 'if it is a trouble to you.'

208. πῶς ἂν κ.τ.λ.] 'Oh that from the dewy spring I could draw a draught of clear water, and oh that I could lay me down under the poplar's shade in the grassy meadow, and there take my rest!' Compare *Med.* 173, πῶς ἂν ἐς ὄψιν τὰν ἁμετέραν ἔλθοι;

214. οὐ μὴ κ.τ.λ.] 'Cease to talk aloud on these subjects before the company, uttering as you do words that are close upon madness.'—παρ' ὄχλῳ, not only the chorus, but the spectators generally.—ἔποχον, perhaps a metaphor from an arrow or dart pointed at a mark, and so likely to hit. Cf. Pind. *Ol.* ii. 89, ἔπεχε νῦν σκοπῷ τόξον. *Herc. F.* 984, ἄλλῳ δ' ἐπεῖχε τόξα.

216. παρὰ πεύκας] to the place where the pinetrees grow, lit. so as to take my stand near them.—βαλιαῖς, 'dappled,' *Alc.* 579, *Rhes.* 356.

219. θωῦξαι] a hunter's term, 'to cheer on the dogs.' Cf. *Alc.* 867, *Bacch.* 871, *Prom. V.* 1062. Aristophanes is thought to parody this passage in *Vesp.* 750, μή μοι τούτων μηδὲν ὑπισχνοῦ· κείνων ἔραμαι, κεῖθι γενοίμαν, ἵνα κ.τ.λ.

220. παρὰ χαίταν] with the hand raised in poising the dart so as almost to touch the hair; an attitude often represented in vase-paintings. The Schol. B says, τῶν θηρίων δηλονότι. He understood it to mean 'close to (or, so as just to miss) their tawny skins.' The only object of such a wish would be to let Hippolytus or the goddess Artemis strike the quarry, she herself being content just to miss it.—ὅρπακα, *hastile*, the bough or sapling, which is ἐπίλογχον, *cuspidatum*, furnished with an iron or bronze point.

223. κηραίνειν seems connected with *curare*. Hesych. κηραίνει· φθείρει, μεριμνᾷ, φροντίζει. (The first meaning, supposed to be from κήρ, *fate*, is more doubtful.) We have κείνου προκηραίνουσα, 'caring for him,' in Soph. *Trach.* 29. Aesch. Suppl. 976 θῆρες δὲ κηραίνουσι καὶ βροτοί. τί νιν,

'man and beast alike hold in regard the beauty of youth.'

224. μελέτη is 'practice,' whereas the sense required is τί σοι μέλει; 'why do you care about hunting?' It is possible that we should read μέλεται, used impersonally, as in Theocr. i. 53, μέλεται δέ οἱ οὔτε τι πήρας, and so translate 'Why do *you* also care about hunting?' i.e. which is a concern only to men. The Schol. gives both τί σοι περὶ κυνηγεσίας μέλει; and τί καὶ σοί, καθάπερ τοῖς ἀνδράσι, μελετᾶται τὰ κυνηγέσια; The verse, after all, may be an interpolation.

226. δροσερὰ] The epithet seems used in reference to 209. It here means 'dripping with water.'—πάρα, for πάρεστι σοι; the dative πύργοις depending on συνεχὴς, 'close to the city-walls.'

228. Λίμνας] A low plain near the sea at Troezen was so called, and the epithet ἁλίας shows it was some silted-up creek. Hence ἀκυμάντοις ψαμάθοις in 235, sea-sand no longer washed by the wave. Here Artemis was worshipped as Λιμνᾶτις. From 1132 inf. it appears that the stadium was on this spot.

231. 'Ενέτας] 'Venetian' horses were early celebrated. *Il.* ii. 851, Παφλαγόνων δ' ἡγεῖτο Πυλαιμένεος λάσιον κῆρ ἐξ 'Ενετῶν, ὅθεν ἡμιόνων γένος ἀγροτεράων: Strabo, v. p. 212, speaks of ἡμιονίτιδες ἵπποι as being once famous among the Veneti, but it is hard to say what this can mean. Inf. 1131, οὐκέτι συζυγίαν πώλων 'Ενετᾶν ἐπιβάσει. These 'Ενετοὶ were a people in Paphlagonia, whence they afterwards migrated to the Hadriatic (Schol.).

233. νῦν δὴ, *modo*, forming one expression of time, is answered by νῦν δ' αὖ. 'Just now you were off to the mountain, and you were all eagerness for (lit. were setting out for the desire of) the chase; but now you have changed, and are enamoured of horse-races on the dry waveless strand;' cf. 228.

237. ἀνασειράζει is perhaps purposely used as applicable to the horse-exercises the nurse is speaking of. Hesych. ἀνασειράζει· ἀνακρούειν ποιεῖ. Εὐριπίδης 'Ιππολύτῳ Στεφανηφόρῳ. *Id.* ἀνασειράζων· εἰς τὰ ὀπίσω ἕλκων. The meaning is, 'draws you back from following the straight course.'—παρακόπτει, παράκοπον ποιεῖ. Madness is often expressed by a metaphor from the stadium, as ἔξω δρόμου φέρεσθαι, &c.

241. ἄτᾳ] It is hard to say if this should be construed with both verbs. 'I was mad,—it was an infatuation from some deity that caused my fall.'

244. τὰ λελεγμένα] viz. her expressed desire to be hunting in the woods, &c. The γὰρ refers to the covering of the head being regarded as a mark or token of shame.

246. τέτραπται] The eye was thought to be the seat

of modesty (αἰδώς). By being again concealed, it has now, as it were, taken that course, as the uncovering the face in a woman was supposed to indicate shamelessness.

247. ὀδυνᾷ] Pain is felt from remorse on returning to right views. It is better, i.e. less painful, to perish without a consciousness of right, though madness in itself is an evil.

253. χρῆν γάρ] Cf. inf. 619, 645, 925. 'It would have been better for men to have formed moderate friendships towards each other, and not to the very furthest and finest (or extreme) sympathies of the heart.' In ἄκρος μυελὸς there is a physical metaphor from the marrow or spinal cord, which reaches or extends through the entire length to the very extremities of the hollow containing it. It seems to be so used in *Bacch.* 203, οὐδ' εἰ δι' ἄκρων τὸ σοφὸν ηὕρηται φρενῶν. Compare Cic. *De Amicitia* xiii. 115, who inculcates the same doctrine, that there should be certain reasonable limits to friendship and affection. The remark here is directed not at Phaedra's love, but at the nurse's own affection for her mistress.

257. ἀπώσασθαι] According as the objects of it are worthy or not, men should tighten, or draw closer, and reject a friendship once formed.

258. ὑπὲρ δισσῶν] That one soul should travail both for itself and for another, is a burden hard to bear.

261. ἀτρεκεῖς] ἀκριβεῖς, περισσάς, 'too minute and careful attention to life.' This doctrine is repeated inf. 469. The precept, to take no thought what we shall eat or wherewith we shall be clothed, is essentially the same. Persons who are too particular about themselves, that is, too selfish, are seldom satisfied with the results of all their pains.

262. σφάλλειν] 'disappoint.' Cf. 183, 871.

263. ὑγιείᾳ] 'prosperity.' Aesch. *Ag.* 972, μάλα γέ τοι τὸ μεγάλας ὑγιείας ἀκόρεστον τέρμα.

269. ἄσημα] A common Atticism for ἄσημον, as οὐκ ἀνασχέτα (ἐστιν) inf. 354. See also 371.

271. ἐλέγχουσα] 'by questioning her.'

272. ἥτις ἀρχή] She might at least tell how, or from what cause, or when, her malady commenced. But the nurse says it comes to the same thing whichever way you try.

275. τριταίαν ἡμέραν, for τρίτην, is very unusual, and it is possible that the poet wrote πῶς δ' οὔ, τριταία γ' οὖσ' ἄσιτος, ἀσθενεῖ; Compare however *Hec.* 32, τριταῖον ἤδη φέγγος αἰωρούμενος. See sup. 135—8.

277. εἰς ἀπόστασιν] *usque ad vitae defectum.*

279. ἥδε seems to be used because the chorus, standing a little apart, points to where Phaedra is lying. Cf. 283, 958. But we might read ἤδη, 'now,' viz. when her husband's attention is likely to be called to her case.

281. ἔκδημος] Inf. 790 Theseus returns from a visit to the oracle.—τυγχάνει, 'at this present time he is from home.'

285. ἀνήσω] See inf. 900.

292. μεθεῖσα] Supply τόνδε τὸν λόγον.

294. γυναῖκες αἵδε] 'Here are ladies (or perhaps, 'married women,' cf. 165) to assist in setting right your ailment.'

295. ἔκφορος] 'If your malady is such as can be explained to males.' This passage conclusively shows that the Greek women professed a knowledge of the healing art in maladies of their own sex. The verb ἐκφέρειν is often used in the special sense of publishing or revealing a secret. So Ar. *Thesm.* 472, αὗται γάρ ἐσμεν, κοὐδεμί' ἐκφορὰ λόγου. *Eccl.* 442, οὔτε τἀπόρρητ' ἔφη ἐκ Θεσμοφόροιν ἑκάστοτ' αὐτὰς ἐκφέρειν.

303. λόγοις] by reasonable arguments. The nurse proceeds to adopt a tone of some severity; to scold her mistress for her obstinacy, and to hint that if she dies and deserts or leaves desolate her own children, Hippolytus, though illegitimate, may be preferred to them.

305. The construction is, εἰ θανεῖ προδοῦσα σοὺς παῖδας, ἴσθι αὐτοὺς μὴ μεθέξοντας κ.τ.λ., 'let me remind you that they will have no share in their father's inheritance.'

309. γνήσια] *ingenua*, the sentiments of a true-born gentleman. Birth and caste were so strongly valued by the Greeks, that they assigned to them mental qualities which they denied equally to the bastard and the slave.

310. τόδε] viz. this argument about the wrong done to your children. The nurse does not seem to suspect as yet the love of Phaedra; see inf. 350—3. Phaedra, of course, shows emotion at the name of Hippolytus; but the cause of her emotion is not understood. It follows that σιγᾶν περὶ τοῦδ' ἀνδρὸς has a double meaning; but the nurse supposes Phaedra does not wish again to hear that Hippolytus may be her children's successor.

314. ὀνῆσαι] to serve the cause of your own children by living and not deserting them by your death.

315. φιλῶ τέκνα] Fond as I am of my children, there is another matter of uncertainty on which I am likely to be shipwrecked, i.e. my love for another, which is greater than my love for them.

316. ἁγνὰς μέν] This use of μὲν in a question is peculiar; see *Alcest.* 147, *Med.* 1129. In the next verse, μὲν is attached to χεῖρες, and corresponds to φρὴν δ' ἔχει μ. Our idiom is, 'Your *hands*, I suppose, are guiltless?' Here the μὲν follows ἁγνὰς, as it would seem, from the necessity of the metre.

318. ἐπακτοῦ] brought on you from without; not due to any fault of your own. The Schol. refers this to the influence of sorcery.

321. ἐκεῖνον] Like *illum*, as differing from *eum*, αὐτὸν, this pronoun is used when the object is spoken of with emphasis: 'May I never be seen to do *him* any harm.' The point of reply is perhaps simply this: 'as *he* has not offended me, I have no wish to vex or hurt him in revenge.' Or it may mean, 'May I never, by my conduct, give *him* reason for wronging me.'

322. ἐξαίρει] 'incites you.' Monk compares *Alc.* 346, οὔτ' ἂν φρέν' ἐξαίροιμι πρὸς Λίβυν λακεῖν αὐλόν. The γὰρ implies an ellipse. The sense is, 'But there must be *something* to vex you, or you would not think thus of death.'—θανεῖν, viz. ἀσιτίᾳ, sup. 277. But the word contains a poetic allusion to the suicide. Compare σὺν ἐκσῶσαι βίον in 314, by which the nurse means recovery from her malady. She has no idea what is really in the mind of her mistress.

324. ἐν δὲ σοί] 'but in your case,' i. e. in dealing with you, 'I shall be found wanting in resources.' More simply, 'I will not let you die, if I can help it; though perhaps my earnest entreaty will be vain.' In this case, we must supply ἐάσω with ἑκοῦσα. But it is possible to supply ἁμαρτάνεις, and thus ἐν σοὶ will be nearly the same as διὰ σὲ, 'you do not intend to wrong me, yet you are the person who causes my failure in dealing with the case.' But this meaning is the less likely from the action accompanying the remark, and showing strong emotion.

327. κακά] 'My story, if you know it, will bring a mischief to *you*.' You, as responsible for my conduct in the absence of Theseus, will have to bear his resentment.

328. σοῦ μὴ τυχεῖν] 'to fail in persuading you.' No greater harm, says the nurse, can happen to me than that. Cf. *Med.* 259, τοσοῦτον οὖν σου τυγχάνειν βουλήσομαι. *Orest.* 701, τύχοις ἂν αὐτοῦ ῥᾳδίως ὅσον θέλεις, i.e. τοῦ δήμου. Aesch. *Suppl.* 151, μὴ τυχοῦσαι θεῶν Ὀλυμπίων.

329. ὀλεῖ] 'You will die for it; *that* is a greater evil than failing to persuade me.' She adds, 'To *me* however death brings credit,' and therefore it is not equally κακὸν to me. To commit suicide under such circumstances was regarded as honourable; and Phaedra has already determined what course to pursue. But she only alludes to it under the ambiguous word τὸ πρᾶγμα.

331. ἐκ τῶν γὰρ κ.τ.λ.] 'Yes, I do conceal my intention; for you would prevent it, and it is a good intention in a bad case.' The love of another is αἰσχρὸν, and the way she has resolved on for getting clear of it is ἐσθλόν.

332. οὐκοῦν κ.τ.λ.] 'Then, if your intention is honourable, you should inform me of it, and you will get the more credit for it,' i.e. because it will be the more known.

335. σέβας] Phaedra cannot resist the solemn adjuration of a suppliant hand, and resolves to reveal her secret. With great skill, the poet makes her begin the narrative in rather a roundabout way, by reference to the loves of Pasiphaë and Ariadne.

343. ἐκεῖθεν] 'from that cause,' viz. unfortunate love.—οὐ νεωστὶ seems to have a double sense, 'in my family long ago,' and 'in me for some time past.' Schol. προγονικήν τινα δυστυχίαν δυστυχοῦντες τοῦτο πάσχομεν.

345. πῶς ἂν κ.τ.λ.] 'I wish *you* would say for me what I have to say,' i.e. would spare me the pain of the revelation. A very clever verse, made use of by Aristophanes in *Equit.* 16. The nurse somewhat pettishly replies that she has no idea what all these riddles mean.

349. θατέρῳ] 'Then *I* have to endure the painful part of it.' This admission justifies the abrupt question which follows: 'Are you then in love with somebody?' This verse proves that the nurse had no knowledge or suspicion of the matter.

351. ὅστις ποτε] The comic poets say τὸν δεῖνα τὸν τοῦ δεῖνα, Ar. *Thesm.* 622. It is a formula of avoiding the mention of a name.

352. σοῦ τάδ' κ.τ.λ.] 'It was not I that said it, but yourself.' The statement is not denied, but in some measure evaded by attributing it to another.

353. The nurse is highly excited when she hears the name, and the avowal in connexion with it. She feels, perhaps, that the word ὀλεῖ in 329 has an ominous import. She turns to the chorus, and says, 'Ladies, this is not to be borne! I shall not survive this terrible blow, but will face death at once.' The four verses 354—7 admirably express the strong emotion of the speaker, composed as they are of short sentences.

359. κακῶν ἐρῶσι] A discreet person may desire an evil as the least bad of two alternatives. Here the nurse thinks it a less evil to die by her own hand than to be put to death by the enraged Theseus.—Κύπρις κ.τ.λ., 'Cypris, it seems, was not merely a goddess, but something greater (if that can be), since she has ruined, through love, you and me and the whole family besides.' The words have reference to the declaration of the goddess in the prologue (50) that she will bring punishment on her enemies: the innocent shall be involved in the ruin of the guilty. Phaedra's love, it will be remembered, was part of the scheme for taking vengeance on Hippolytus, v. 27. Compare also τύχα Κύπριδος inf. 371.

362. ἄϊες] Addressed to the nurse; but ὄλωλας (v. 368) to Phaedra.—ἀνήκουστα, *non audienda*, quae nunquam audiri debebant. So οὐ ῥητὸν, οὐ λεκτὸν, inf. 846, 875.

365. *καταινύσαι*] 'before I arrive at your state of mind,' or suffer your distress. Elmsley well compares Soph. *El.* 1451, *φίλης γὰρ προξένου κατήνυσαν.* There seems to be an ellipse of *ὁδὸν* both here and inf. 743.

367. *τρέφοντες*] which form, as it were, the food of man; which accompany him through life.

369. *τίς ὅδε χρόνος*;] 'What sort of life is this which now awaits you all day long?' What sort of feelings will yours be pending the arrival of Theseus?

371. *ἄσημα*] See on 269. 'It is no longer doubtful in what part of the horizon this ill-luck sent by Cypris is setting.' As hope or good fortune is compared to the rising of a sun or star, so misfortune is compared to the setting. So *Prom. V.* 100, *πῆ ποτε μόχθων χρὴ τέρματα τῶνδ' ἐπιτεῖλαι*;

373. In a beautiful and interesting speech Phaedra comments on the causes of unhappiness in life. In some the love of idleness, in others the love of pleasure, deters them from the path of duty. She describes the method she herself adopted to overcome her love; and she ends by inveighing against the frailties of her own sex, which are the frequent cause of shame and disgrace to the offspring.

374. *προνώπιον*] the foreland or headland which juts out furthest to the east in the coast of the Peloponnesus.

375. *ἄλλως*] 'on other occasions than this;' 'in a general way.' Arist. *Ran.* 931, *ἤδη ποτ' ἐν μακρῷ χρόνῳ νυκτὸς διηγρύπνησα.*

376. *διέφθαρται*] 'is marred in its happiness.'

377. *κατὰ*, in the sense of *διά*, is common in Attic Greek. Schol. *οὐχ ἁμαρτίᾳ τῆς γνωμικῆς φύσεως ἁμαρτάνουσιν, ὅπου γε πολλοὶ αἰσθανόμενοι τὸ ἀγαθὸν προκρίνουσιν αὐτοῦ τὸ κακόν.* 'It seems to me that, if they fare worse than they might, it is not through any natural fault of judgment; for good sense is given to many; rather, we should view the matter in this light:—we know what is right both from instruction and by experience; but we do not carry it out in practice, some of us through indolence, others because we prefer pleasure of some other kind to duty.' This is like the doctrine of Aristotle in *Eth. Nic.* x. 5, that the pleasure we take in one pursuit is so much discouragement to *ἐνέργεια* in another pursuit.

384. *λέσχαι καὶ σχολὴ* are Greek rather than English ideas,—leisure for discussion and for speculation is spoken of as a 'pleasant evil' because it is so much time taken from active life, and devoted to *ἀργία*, which is in itself an evil.

385. *αἰδώς τε*] 'There is shame too,' viz. *ἣ κωλύει ἐκπονεῖν χρηστά.* In construction, the word is continued from *ἡδοναί*, but in sense it gives an additional reason why men decline to act on principle. The Schol. seems to be

wrong in saying ταῖς αἰσχραῖς ἡδοναῖς συγκατηρίθμησε τὴν αἰσχρὰν αἰδώ. The two kinds of shame spoken of, the one not a bad kind, the other the plague of families, are (1) true modesty and a naturally retiring disposition, (2) the false shame that fears conventionality, and looks only to what men will say, when a question of duty is before one. Like the two kinds of ἔρις mentioned in Hesiod, *Opp.* 12, so there were two sorts of shame, *ibid.* 316 and *Il.* xxiv. 45, αἰδὼς, ἥτ' ἄνδρας μέγα σίνεται ἠδ' ὀνίνησιν. The latter is denounced as ἄχθος οἴκων, because it often makes men fear to do right.

386. ὁ καιρός] If the time and occasion for each had been plain, there would not have been one and the same word to express two very different ideas. The two feelings are apt to be confounded and mistaken, and so both came to be called alike αἰδώς.

388, 9. ταῦτ' οὖν κ.τ.λ.] 'When once then I had made up my mind on these subjects, it was no use for me to take *drugs* in the hope of altering my views.' She alludes to the usual recourse to φίλτρα in cases of disappointed love, and she says with emphasis that it was useless to try these, since they could not alter her moral convictions on the subject, even if they could cure her of her love.—διαφθερεῖν, to alter, enfeeble, or invalidate, as διαφθείρειν γνώμην, Aesch. *Ag.* 905, χεῖρα, *Med.* 1055, πειθώ, *Tro.* 967.

391. καὶ σοί] even to you, who are but a servant.—γνώμης ὁδόν, 'the course I judged it right to pursue.'

394. ἐκ τοῦδε] 'from that time forth.' Her first resolve was to conceal her passion, because she had no confidence in the advice of friends, nor in the tongue which can lecture others while it is full of evil and malignity itself.—θυραῖα, *aliena*, inf. 409.

398. τὴν ἄνοιαν] 'my love-fit.' Schol. τὸν ἔρωτα. A common euphemism; so ἀφροσύνη, sup. 164. The second effort was to bear her trial with fortitude, and try to master it by conscious virtue, and fidelity to her husband.

400. οὐκ ἐξήνυτον] 'I did not succeed.' Cf. *Bacch.* 1100, ἀλλ' οὐκ ἤνυτον, *Andr.* 1132, ἀλλ' οὐδὲν ἦνεν.—τοῖσιν, for τούτοις, the Homeric (or demonstrative) use of the article; though others read τοισίδ'.

402. βουλεύμασιν] Schol. ἢ σιωπᾶν καὶ σωφρονεῖν, ἢ ἀποθανεῖν.

403. καλά] Supply δρῶσαν. In the next verse δρώσῃ is the dative after μάρτυρας.

405. τό δ' ἔργον κ.τ.λ.] 'I knew too that not only the indulgence of love but even the malady itself brought discredit; and beside this, I was well aware that I was a woman, and an object of hatred to all.' These are

alleged as additional motives to justify her resolution of suicide.

407. ὡς ὄλοιτο] An imprecation on the wife who, by first proving herself faithless to her spouse, brought discredit on all the sex, and made it μίσημα πᾶσιν.

411. ὅταν γάρ] The example was set by the rich, and followed by the poor; 'for when the well-born approve what is disgraceful, it will assuredly seem right and proper to their inferiors.'

413. ἐν λόγοις] The mere profession of virtue, where there is the will to sin in secret, the poet regards as detestable hypocrisy. He wonders how such wives can ever look their husbands in the face without fearing lest the very walls should bear witness to their misdeeds. A very fine and eloquent passage.—τέρεμνα, 'the rooms.' Schol. τὰ στέγη τῶν οἴκων. For στέρεμνα, from the rigidity of structure. Cf. *Alc.* 455, δυναίμην δέ σε πέμψαι φάος ἐξ 'Αΐδα τερέμνων. Inf. 776.

419. ἀποκτείνει] 'It is this very feeling and conviction,' viz. of the fatal evil of a woman's frailty, and the dread of disgrace from it, 'that is now causing me to meditate suicide, that I may never be found guilty of dishonouring my husband, nor the children I have borne to him.' She had stated her strong sense of the guilt of being faithless, and she admitted the strength of the temptation; she repeats therefore that she has resolved to die to escape the risk of guilt.—ὡς μή, i.e. ἵνα μὴ ἁλῶ κ.τ.λ. For the syntax with the participle cf. Ar. *Ach.* 662, οὐ μή ποθ' ἁλῶ περὶ τὴν πόλιν ὢν ὥσπερ ἐκεῖνος δειλός.

426. ἁμιλλᾶσθαι] 'They say this is the only thing that stands the wear and tear of life, viz. an honest and good intention, if ever one has it; but the base among mankind are exposed, when it so happens, by time itself, which holds a mirror to show them what they are really like, as one would hold it to some young maiden.' The sense appears to be that time makes bad men see their own hideousness. Schol. παρελθόντων τῶν ἔργων αὐτῶν, ὥσπερ ἐν κατόπτρῳ τεκμήρια καὶ σκιὰς τῶν παλαιῶν αὐτῶν ὁρῶμεν ἁμαρτημάτων.

431. ἁπανταχῇ] 'under every aspect,' i.e. not merely in a moral, but in a social and political point of view. (Schol. καὶ εἰς τοὺς εὐγενεῖς καὶ τοὺς ἀγεννεῖς.)

432. καρπίζεται] 'produces as its fruit.' Aesch. *Theb.* 597, ἄτης ἄρουρα θάνατον ἐκκαρπίζεται.

433. The nurse, surprised at the revelation she has heard, now changes her tactics, and persuades her mistress to regard falling in love as an ordinary affair, not deserving of any serious action on her part, i.e. not as a reason for committing suicide.

ib. ξυμφορὰ ἡ σὴ] 'this misadventure of yours (or, 'this account of your love') caused me at the moment serious alarm.' She had said ὥς μ' ἀπώλεσας, sup. 353; but she now pretends to be wiser, and to think nothing of it.

437. περισσὸν] 'extraordinary.' See 445, 948. περισσοὶ φῶτες, *Bacch.* 429. *Med.* 296, παῖδας περισσῶς ἐκδιδάσκεσθαι σοφούς.

442. θανεῖν] emphatic. 'By my troth! it does not pay those who fall in love with other people, or who are yet to do so, if they have to *die* for it!'—λύει, for λυσιτελεῖ, as in *Med.* 151, 566, 1112. *Alc.* 627.

443. Κύπρις γάρ] There is some ellipse here: (No doubt your feelings are deeply moved) 'for Cypris is not bearable if she comes with great force upon one.' The metaphor seems taken from the attack of some powerful bird of prey; similarly Plato, *Phaedr.* p. 252 c, has τὸ τοῦ πτερωνύμου ἄχθος φέρειν.—πολλή, cf. *Orest.* 1200, τὸ πρῶτον ἢν πολὺς παρῇ. Hor. *Carm.* i. 9, 19, 'in me tota ruens Venus.'

444. τὸν εἴκοντα] 'the person who yields to her influence she pursues with slow and gentle step; but when she finds one out of the common way and proud of his own strength, she takes and makes sport of him in a way you would hardly believe,' i.e. with great violence. Cf. *Hec.* 1160, ἐκ γαληνῶν πῶς δοκεῖς προσφθεγμάτων. Ar. *Ach.* 12, πῶς τοῦτ' ἔσεισέ μου δοκεῖς τὴν καρδίαν; For the doctrine of the folly of obstinate resistance compare Soph. *Antig.* 713 seqq. By ἡσυχῇ the nurse means that the troubles and the consequences of love are not so serious when it is reasonably yielded to as when it is obstinately resisted. The moral is, that it is natural to comply with, but unnatural to contend against, the emotion. Her present view is, to bring Phaedra and Hippolytus together, by representing it as not very wrong in itself, and, under the circumstances, even expedient.

449. ἥδ' ἐστὶν κ.τ.λ.] 'She it is who causes increase and inspires that desire from which all of us creatures who inhabit the earth are produced.'

451. γραφάς] Not 'writings' probably (Schol. ἱστορίας, ποιήματα), but 'paintings' are meant by this word. The mythical subjects on the thousands of Greek vases still existing are mostly of this kind, and the poet uses γραφή in this sense, inf. 1005, *Ion* 271, *Troad.* 687, and so Aesch. *Ag.* 233, 1300. On the other hand, we have no certain evidence of a written *literature* existing at this period. Written *letters* (as inf. 879), or brief prescriptions on σανίδες (*Alc.* 967), are clearly different in their nature. In the next verse, ἐν μούσαις has the general sense of 'conversant with litera-

ture,' and may be taken in either way. So ἐγὼ καὶ διὰ μούσας καὶ μετάρσιος ᾖξα, *Alc.* 962. *Ion* 638, θεῶν δ' ἐν εὐχαῖς ἢ λόγοισιν ἢ βροτῶν.

456. ἀλλ' ὅμως] Though some mortals have been carried to heaven through love, yet they do not make away with themselves or refuse to live with the other gods, but bear their fate contentedly.

458. ξυμφορᾷ] 'their fortune,' or perhaps (if we suppose some irony) 'their misfortune,' or 'their love' (sup. 433). They acquiesce in a fate they cannot avoid, and do not attempt to avoid it. By the genitive, a notion of inferiority or inability to resist would be expressed, as ἱμέρου νικώμενος, Aesch. *Suppl.* 982.

459. οὐκ ἀνέξει, scil. ἐρῶσα.—ἐπὶ ῥητοῖς, your father ought, it seems, to have begotten you on special conditions, or with other gods for masters, if you are not to be content with the present laws;' i.e. you should have been born with special exemption from human frailty. Plat. *Symp.* p. 213 A, ἐπὶ ῥητοῖς εἰσίω ἢ μή; Thuc. i. 13, ἐπὶ ῥητοῖς γέρασι πατρικαὶ βασιλεῖαι. Ibid. 122, ἥκιστα γὰρ πόλεμος ἐπὶ ῥητοῖς χωρεῖ.

462. πόσους κ.τ.λ.] 'Well, now, how many do you suppose there are in full possession of their senses, who, when they see their wives are unfaithful to them, pretend not to see it?' The argument now dwelt upon is, that if Phaedra is in love, she had better say nothing about it, and not take it seriously to heart; since that is the usual practice of mankind.—μὴ δοκεῖν, see sup. 119.

464. ἡμαρτηκόσι] 'when they have gone astray,' viz. through love,—a common sense of ἁμαρτάνειν, e.g. inf. 507. Many fathers, says the nurse, help their own sons in their loves, rather than take serious offence. Schol. πόσους οἴει πατέρας—τοσοῦτον ἀπέχειν τοῦ μέμφεσθαι ὥστε καὶ συγκάμνειν εἰς τοὺς ἔρωτας αὐτοῖς. Cf. *Orest.* 685, καὶ χρὴ γὰρ οὕτω τῶν ὁμαιμόνων κακὰ συνεκκομίζειν. *Elect.* 71, δεῖ δή με —συνεκκομίζειν σοὶ πόνους. *Frag. Dict.* 340, πατέρα τε παισὶν ἡδέως συνεκφέρειν φίλους ἔρωτας.

466. λανθάνειν κ.τ.λ.] 'that what is not creditable should be kept out of sight.'

467. The nurse proceeds to show that some reverses and troubles must be looked for in life, and that it is as much out of place to try to make it quite perfect as it would be in a carpenter to fit and polish with the closest possible nicety the beams and rafters of a house.—ἐκπονεῖν is *elaborare*, to try the ἀτρεκεῖς ἐπιτηδεύσεις βιότου, sup. 261. By χρῆν she means that they never ought to have attempted it at all, or to have believed in the possibility of it. Cf. 467, 619, 925. It seems that we must read οὐδ' ἂν for οὐδὲ, the ἂν being required by the sense if not by the metre. 'For

neither would they rightly or reasonably (καλῶς) finish with exactness the roof with which houses are covered.' Compare Aristot. *Eth.* i. 3, τὸ γὰρ ἀκριβὲς οὐχ ὁμοίως ἐν ἅπασι τοῖς λόγοις ἐπιζητητέον, ὥσπερ οὐδὲ ἐν τοῖς δημιουργουμένοις.

469. ἐς δὲ κ.τ.λ.] i.e. σὺ δὲ, πεσοῦσα εἰς ὅσην τύχην πέπτωκας, πῶς δοκεῖς ἐκνεῦσαι, '*quomodo te putas salvam evasuram.*'

471. ἀλλ' εἰ] 'No! if you have on the whole more good than bad (in life), for one who is a mortal you will not be badly off.' This doctrine is more fully expounded in a very fine passage, Eur. *Suppl.* 199. See also Arist. *Eth.* x. ix. § 5, ἀγαπητὸν ἴσως ἐστὶν εἰ πάντων ὑπαρχόντων δι' ὧν ἐπιεικεῖς δοκοῦμεν γίνεσθαι, μεταλάβοιμεν τῆς ἀρετῆς.

474. λῆξον] 'have done with,' 'cease once for all, thus insulting and defying the power of the gods.'

477. νοσοῦσα] 'Since you *are* in love, try to bring your passion in some way or other under control' (or, perhaps, 'bring it to a happy termination'). Schol. μὴ ἡττῶ τῆς νόσου, ἀλλὰ γενναίως φέρε καὶ ἐπὶ πέρας ἄγε αὐτήν. The nurse goes on to suggest a trial of some kind of charm to beguile her (or his, cf. 511) mind, θέλγειν. She alludes to these φίλτρα θελκτήρια, as a new idea, inf. 509. She appears in her own mind to mean the telling the whole affair to Hippolytus; but she uses as yet very cautious language.

480. ἦ τἄρα] Cf. *Alc.* 642, 732, sup. 441, and for the sentiment, *Med.* 407.

484. ὁ αἶνος οὗτος] The advice of your nurse, to bear it, is better than your own resolution, to commit suicide, though your motive is honourable (401). But it is more agreeable to listen to advice that will save you, than to praise which is earned by such an intention as yours. Phaedra retorts that she cares more for her good name than for what is agreeable to hear. It is this latter, she says, that is the ruin of states. See Arist. *Ach.* 636 seqq.

491. διιστέον, i.e. δεῖ με διειδέναι (περὶ) τοῦ ἀνδρός] The masculine ἐξειπόντας represents ἐξειποῦσαν, because a woman always speaks of herself in the masculine. For διειδέναι see *Med.* 518. The genitive depends on the notion of determining one thing as distinct from another. Possibly τἀνδρὸς may stand for τὰ (τοῦ) ἀνδρός, 'the intentions of the man;' but the crasis more commonly represents τοῦ ἀνδρός. Schol. ἀλλὰ πειρατέον τῆς γνώμης του Ἱππολύτου, ποῖος ἔσται πρὸς τὰ λεγόμενα. The point to be ascertained is, whether Hippolytus, when informed of her love, will favour her wishes or spurn them. By ευθὺν λόγον a true and plain-spoken account of Phaedra's love is meant. The nurse is conscious that she is proposing a desperate remedy, but she justifies it by the imperative duty of wishing to save so valuable

a life. Her view appears to be, that Hippolytus, like ordinary men, will probably listen to the proposal. Many persons, placed in the same predicament, would come to the same conclusion as the nurse, who is not therefore to be hastily decried as an immoral old beldame. The life of her mistress is paramount in her thoughts.

493. *ἐπὶ συμφοραῖς*] 'dependent on circumstances such as these.'

494. *σώφρων*] 'capable of self-control.'

498. *οὐχὶ συγκλῄσεις*] '*Do* shut that mouth of yours, and not again give utterance to such very disgraceful proposals.' The idiom is the same as in Soph. *Ajax*, 75, *οὐ σῖγ' ἀνέξει μηδὲ δειλίαν ἀρεῖ;*

501. *τοὔργον*] What I propose to carry out, and do, viz. to effect your safety, is better than the empty name of virtue which you glory in. The one may be, if you please, disgraceful, but it will save your life; the other may be high principle, but it will cause you to lose it.

504. *μὴ—προβῇς*] Do not, I pray you, advance beyond words in this matter,—do not proceed from disgraceful proposals to disgraceful action. She admits the proposition is plausible (*εὖ λέγεις*) to save life at the sacrifice of virtue. If, she adds, you go on thus speciously suggesting *αἰσχρὰ*, I shall be reduced to the very course which I now shun, viz. compliance with my passion.—*ὑπείργασμαι*, 'I have subjected.' She says this to make the nurse believe the proposed remedy is now needless. Rightly understood, the dialogue is extremely natural, and the passage shows a great knowledge of a woman's character. It also brings Phaedra before us as a woman of heroic virtue, and one who prefers her honour to her life.

507. *εἴ τοι δοκεῖ*] If such are your sentiments, viz. that virtue is more precious than life itself, your best course would have been not to fall in love at all; but, as you have, follow my advice, which is the next best thing to be done, i.e. the best under the circumstances, and better than the suicide which you meditate.—*χρῆν μὲν οὐ κ.τ.λ.*, the same as *οὐκ ἐχρῆν, οὔ φημι, οὐκ οἴομαι, οὐκ ἔοικε*, &c. The negative belongs to *ἐχρῆν*, otherwise it would have been *χρῆν σε μὴ ἁμαρτάνειν*. See *Alc.* 682, 939, inf. 645.

508. *εἰ δ' οὖν*] Supply *ἥμαρτες*, 'but, as you *have* given way to such a frailty,' &c.

509. *κατ' οἴκους*] The nurse makes this statement as an excuse to go and tell Hippolytus her mistress' love for him. Hence she evades the question put to her in v. 516.

511. *ἐπ' αἰσχροῖς*] 'on disgraceful terms.' See on v. 459.—*βλάβῃ φρενῶν*, because potent drugs might affect the intellect. Cf. 389. It would seem therefore that the charm is to be administered to Phaedra. But the Schol. under-

stands it as a stimulative potion to be administered to Hippolytus.

512. γένῃ κακή] Schol. ἀντὶ τοῦ εἰ μὴ ἀπειθήσασα κωλύσεις με.

514. σημεῖον] some token. It was part of the process, in applying a charm, to obtain from the person to be acted on some portion of his garment or some article he had worn. See Theocr. ii. 53, τοῦτ' ἀπὸ τᾶς χλαίνας τὸ κράσπεδον ὤλεσε Δέλφις. Virg. *Ecl.* viii. 91, 'Has olim exuvias mihi perfidus ille reliquit, Pignora cara sui.'

518. φανῇς] This seems a confused construction between ὅπως μὴ φανεῖ and δέδοικα μὴ φανῇς.

519. ἂν φοβηθεῖσ'] equivalent to ὅτι πάντα ἂν φοβηθείης. So *Rhes.* 80, πάντ' ἂν φοβηθεὶς ἴσθι δειμαίνων τόδε. Thuc. vii. 42, ὁρῶν τὸ παρατείχισμα ῥᾳδίως ἂν ληφθέν.

520. μηνύσῃς] The one thing which Phaedra dreads is that which the nurse has secretly determined on. There is great tragic art in this part of the plot.

523. ἀγὼ φρονῶ] 'what I have in mind,' viz. Phaedra's love. Arist. *Ach.* 446, Τηλέφῳ δ' ἀγὼ φρονῶ, 'may what I wish befall Telephus!'—φίλοις, i.e. to Hippolytus. By the use of the plural she throws Phaedra off her guard. By ἀρκέσει is meant, that if the goddess favours her plan, she, the nurse, will be content to communicate the secret to Hippolytus.

525. The chorus deprecates inordinate love, and wonders that propitiatory sacrifices are not offered to so mighty a power. The loves of Hercules for Iole and of Dionysus for Semele are cited as examples of the fatal power of the god. The sentiment is similar in Aesch. *Prom.* 915. *Cho.* 585. Soph. *Ant.* 781, and *Med.* 627 seqq.

ibid. ὁ, for ὅς, unless we should read ὁ κατ' ὀμμάτων στάζων πόθον εἰσάγεις κ.τ.λ.—ἐπιστρατεύσῃ, see *Med.* 1185.

529. ἄρρυθμος] irregular, inordinate, without rule or restraint. Schol. ἄμετρός τις καὶ ἄτακτος.

531. ὑπέρτερον] We may either regard this as an epithet, and supply τοιοῦτόν ἐστιν, with the Schol., or we may suppose a somewhat mixed construction, ὑπέρτερόν ἐστιν ἢ ὃ ἵησιν Ἔρως. Cf. Theocr. ix. 33, οὔτε γὰρ ὕπνος οὔτ' ἔαρ ἐξαπίνας γλυκερώτερον, οὔτε μελίσσαις ἄνθεα, ὅσσον ἐμὶν Μῶσαι φίλαι. The ancients had a notion that the moon and the stars could exercise a sudden influence on the mind, and so people used to be called 'moon-struck,' and Shakespeare says 'then no planets strike' (*Hamlet*, i. 1).

536. τεμένοις, i.e. ναοῖς] See sup. 418. 'It is to no use that Hellas offers hecatombs of oxen to Zeus and Apollo, if it pays no worship to Love.' Compare Plat. *Symp.* p. 177 A, οὐ δεινὸν ἄλλοις μέν τισι θεῶν ὕμνους καὶ παιῶνας εἶναι ὑπὸ τῶν ποιητῶν πεποιημένους, τῷ δὲ Ἔρωτι, τηλι-

κούτῳ ὄντι καὶ τοσούτῳ θεῷ, μηδὲ ἕνα πώποτε τοσούτων γεγονότων ποιητῶν πεποιηκέναι μηδὲν ἐγκώμιον; *Ibid.* p. 189 c, ἐμοὶ δοκοῦσιν οἱ ἄνθρωποι παντάπασι τὴν τοῦ ἔρωτος δύναμιν οὐκ ᾐσθῆσθαι, ἐπεὶ αἰσθανόμενοί γε μέγιστ' ἂν αὐτοῦ ἱερὰ κατασκευάσαι καὶ βωμούς, καὶ θυσίας ἂν ποιεῖν μεγίστας, οὐχ ὥσπερ νῦν τούτων οὐδὲν γίγνεται περὶ αὐτόν, δέον πάντων μάλιστα γίγνεσθαι.

542. διὰ πάσας συμφορᾶς ἱέναι means to leave no kind of fortune (or misfortune) untried in his dealings with man.

545. τὰν μὲν κ.τ.λ.] 'In the first place, there was that young girl in Oechalia, not yet joined in the marriage-bed, but hitherto without a husband or bridal rites, who was separated from her home by being taken over the sea, like some fury speeding on her course of destruction, and was given by Cypris as a wife to the son of Alcmena, with blood and smouldering fire and marriage-songs of murderous intent.' The allusion is to Iole, the daughter of Eurytus, whose city Oechalia was taken and sacked by Hercules to obtain possession of the maid. See Soph. *Trach.* passim.

547. There is a somewhat unusual *tmesis* here for ἀποζεύξασα οἴκων. So *Phoen.* 329, ἀπήνας ὁμοπτέρου τᾶς ἀποζυγείσας δόμων. Aesch. *Cho.* 663, ὥσπερ δεῦρ' ἀπεζύγην πόδας.

557. συνείποιτε ἂν] 'ye can tell with me what is the progress of love.' Below, we should perhaps read with Kirchhoff νυμφευσαμένα, 'for her who gave birth to Jove-born Bacchus she (Cypris) caused to marry by a fate ending in her death, and sent to her last sleep by a consuming thunderbolt.' Semele is here meant, who was brought to bed with Dionysus amidst thunder and lightning, Σεμέλη λοχευθεῖσ' ἀστραπηφόρῳ πυρί, *Bacch.* 3. If we retain νυμφευσαμέναν, it must virtually have the sense of νυμφευθεῖσαν. Cf. *Bacch.* 28.

563. δεινὰ is here the nominative. 'For with terrible power she everywhere breathes on created things, and like a bee flits hither and thither,' i. e. she is as restless and ubiquitous.

565. The nurse has communicated to Hippolytus, under a solemn promise of secrecy, her mistress' passion for him. He is deeply indignant at the hearing, declares his oath is not binding, being made only with his tongue (612), i. e. without full knowledge of the circumstances, and denounces the whole race of women. Phaedra and the chorus, who are listening to the altercation in the house, are thoroughly alarmed, and Phaedra is confirmed in her former resolution to commit suicide (600).

ibid. ἐξειργάσμεθα] 'we are undone.'

567. ἐκμάθω] 'I would fain learn,' or, 'let me learn.' A use of the hortative conjunctive by no means common in

the first person unless combined with *φέρε*, as in 864. Cf. inf. 1354. *Heracl.* 559, *ἀλλ' ἐλευθέρως θάνω*. *Herc. F.* 1058, *σῖγα, πνοὰς μάθω*.

574. *τίς φήμα*] 'what ill-omened sound.'

579. *πομπίμα φάτις*] Schol. *ἡ ἐκ τῶν οἴκων πεμπομένη φωνή*.

585. *ὅπα*] 'where it is.' So Ar. *Ach.* 748, *ἐγὼν δὲ καρυξῶ Δικαιόπολιν ὅπα*. She hears voices as within the house, but cannot say precisely where the conversation is being held.

589. *προμνήστριαν*] 'a match-maker.' See Ar. *Nub.* 41, and for the true office and meaning of the word, which is very inadequately conveyed by the English term, Plat. *Theaet.* p. 149 D.

591. *προδέδοσαι*] 'you are the victim of treachery.' This, if it has reference to *προδοῦσαν* in 590, must mean that Phaedra has been undone by the officiousness of the nurse, who meant well, but failed in inducing Hippolytus to keep the secret. Hence *φίλως, καλῶς δ' οὐ* in 597.

601. *ἀναπτυχαί*] Schol. *αἱ ἀκτῖνες, καθὸ τὸ σκότος ἀναπτύσσουσι*. So in *Ion* 1445, *λαμπρᾶς αἰθέρος ἀμπτυχαί*, and *ib.* 1516, *ἐν φαενναῖς ἡλίου περιπτυχαῖς*. Neither word seems capable of exact translation; they were terms perhaps borrowed from Anaxagoras. Hippolytus now comes on the stage, angrily talking to the nurse, and declaring he will reveal the whole matter to Theseus. The threat seems intended only to frighten her, since in v. 656—8 he acknowledges the obligation of the oath which he here declares is not morally binding.

602. *ἄρρητον*] 'that ought never to have been uttered.'

605. *εὐωλένου*] generally an epithet of the well-shaped arm of a woman, seems here intended to please, 'this handsome arm and hand.' Schol. *τῆς καλὸν βραχίονα ἐχούσης*. Compare *εὐπήχεις χεῖρας*, sup. 200.

608. *τί δὲ*, 'Why should I be silent (or, perhaps, 'how should I ruin you?') if there is no harm in what you have told me?' Her answer is, 'What I have told you is not fitted for the ears of all.' Schol. *ὁ περὶ γάμων μῦθος οὐκ ὀφείλει λεχθῆναι πᾶσι*.

610. *τά τοι καλὰ κ.τ.λ.*] If words are good, it is better they should be spoken before many. Cf. 332. The sense is, *ἔτι καλλίω ἐστὶν ἐν πολλοῖς λεγόμενα*.

612. *ἡ γλῶσσα κ.τ.λ.*] The meaning is, that the words of the oath were uttered without a full knowledge of the facts of the case, and therefore the oath is not binding. In casuistry, this holds good. Aristophanes, who in *Ran.* 1471 and elsewhere ridicules this verse, gives it a wrong meaning by making the remark a general one. It is clear that the verse was often quoted, even by Plato, in a sense which the poet never intended. Cicero renders it (*De Off.*

iii. 29) 'juravi lingua, mentem injuratam gero.' Plautus, *Rudens* 1355, 'meus arbitratust, lingua quod juret mea.'

616. Hippolytus, in a very fine speech, denounces the whole race of women as treacherous, and contends that man would have been happier if that 'fair defect of nature' had never been created. The so-called misogynism of Euripides was probably limited to his dislike of woman's faithlessness. Here again, he has had the misfortune to be misrepresented by many.

ibid. κίβδηλον] 'debased,' 'counterfeit,' 'worthless,'—a term applied to alloyed money.

619. παρασχέσθαι] Supply ἀνθρώπους as the subject, which thus becomes the same as that to πρίασθαι, i.e. 'to have had them supplied.' The Schol. wrongly took the sense to be χρῆν σε παρασχεῖν.

623. ἕκαστον] is the subject, not the object; 'each for the value of the price paid,' or of moral worth according to the value, good sons or bad ones.

625. πρῶτον] At the very outset, and by the mere intention of marrying, we sacrifice the happiness of our homes. (Not, of course, to be confounded with πρῶτον μέν). —ἐκτείνομεν, *affligimus*, 'we lay low,'—a metaphor from a wrestler's throw, as in *Med.* 585, ἓν γὰρ ἐκτενεῖ σ' ἔπος, 'a single word will floor you.'

627. τούτῳ] by the mere fact that the father is willing to pay money to get rid of her.

631. κόσμον] 'ornaments,' ἐσθῆτα κόσμον τ', *Alc.* 161. The fair bride is compared to a statue, which the possessor takes delight in dressing to the life. Perhaps there is an allusion to the ceremony of vesting the statue of Athena Polias in the Acropolis with the embroidered peplus. Compare Plat. *Phaedr.* p. 252 D, ὡς θεὸν αὐτὸν ἐκεῖνον ὄντα ἑαυτῷ οἷον ἄγαλμα τεκταίνεταί τε καὶ κατακοσμεῖ. Ar. *Plut.* 940, Πλοῦτον δὲ κοσμεῖν ἱματίοις σεμνοῖς πρέπει.

632. ἐκπονεῖ] 'tricks her out.' Cf. 467.

633. ὑπεξελών] Taking or withdrawing from his store of domestic happiness, as it were, so much to place on a worthless statue.

634. ἔχει ἀνάγκην] He cannot evade one of two alternatives; either he is glad to keep a wife he dislikes, because she has creditable relations, or he has a good wife, and by that counterbalances and outweighs the evil of having a father and a mother-in-law who are hurtful to his interests. The poet does not contemplate the probability of both the wife and the parents-in-law being desirable; and here he certainly does not state the case fairly. But he seems to mean, that *if* the marriage is not a fortunate one, all that the husband can do is to balance the good against the bad.

638. τὸ μηδέν, Schol. τὸ μηδὲν οὖσα πρὸς σύνεσιν γυνή,

ἀλλ' ἀνωφελὴς τῇ εὐηθείᾳ ἵδρυται. ὡς ἐπὶ ἀνδριάντος δὲ τὸ ἵδρυται] If a man must have a wife as a plaything in his house, let her be a pretty simpleton; for your clever women are more prone to cunning plots against their husbands.

644. μωρίαν] 'The artless and simple-minded woman has the charge of levity (loose conduct) removed from her.' So *Heracl.* ποῖα πέδιλ' ἀφαιρεθείς. *Troad.* 486, ἃς ἔθρεψα παρθένους—ἐκ χερῶν ἀφῃρέθην. Cf. τὸ μῶρον inf. 966.

645. Construe πρόσπολον μὲν οὐ as if the clause following had been μόνον δὲ τοὺς θῆρας. See on 507. 'Now to married women no maid-servant ought ever to have had access, but rather we should have put to dwell with them creatures that have mouths to bite but not to talk, that so they (the beasts) might not have had it in their power to speak to anyone, nor to receive a word from them (the women) in return.' It seems best to make θῆρες rather than γυναῖκες the subject to εἶχον, because it thus becomes a comment on ἄφθογγα, 'mute beasts that they might speak to no one.'—ἵν' εἶχον, see *Prom. V.* 768, inf. 930.

649. δρῶσιν] Schol. μηχανῶνται.

651. ὡς καὶ σύ] He illustrates his dislike of women-servants by the present case. 'Just so you have now come to me for a proposal to make me a partner in the sacred bed of my father.' Cf. *Andr.* 1245, Ἑλένῃ ξυναλλαχθεῖσαν εὐναίοις γάμοις. We might also take ἐλθεῖν ἐς συναλλαγήν τινί τινος to mean 'to come to a bargain with somebody about something.' But the dative in ἡμῖν ἦλθες (in the former sense) may be compared with *Prom. V.* 366, ἀλλ' ἦλθεν αὐτῷ Ζηνὸς ἄγρυπνον βέλος.

654. εἰς ὦτα] 'dashing the water into my very ears,' as if to wash out of them the pollution of hearing such a proposal.

655. οὐδ' ἀκούσας] The meaning is, ὃς οὐ δοκῶ ἁγνεύειν οὐδ' ἀκούσας τοιάδε, 'even for hearing such things,' i.e. if I think that my very ears require expiation. Ar. *Lysist.* 1182, νῦν οὖν ὅπως ἁγνεύσετε.

657. αἱρεθῆναι ὅρκοις is 'to be caught and held by oaths.'—ἄφρακτος, 'off my guard,' i.e. without knowing what the purport and object of the oath was.

658. ἔσχον] Schol. οὐκ ἄν ποτε ἀπεσχόμην τοῦ εἰπεῖν.

659. ἐς τ' ἄν] supply ᾖ. See sup. 37. The Schol. remarks that the absence of Hippolytus is a stage-contrivance to give Phaedra time and opportunity for composing the false accusation against him, and for arranging her plan for suicide.

663. εἴσομαι] When I have had a taste of your audacity I shall know what it is.

664. ἐμπλησθήσομαι] 'I shall never be satisfied,'

'never have my fill of hating women.' Arist. *Ach.* 287, ὡς ἐγὼ βάλλων ἐκεῖνον οὐκ ἂν ἐμπλήμην λίθοις.

666. καὶ ἐκεῖναι] If I am hard upon them it is because they *also* are bad. This use of καὶ can hardly be rendered in our idiom. Compare κἀμέ, inf. 668.

670. τίνας τέχνας] 'What arts have we now or what arguments, since we have failed in our scheme, to undo the knot of his threat?' i.e. how can we prevent the story being told to Theseus?

676. ἀδίκων ἔργων] Conscious of the wrong she is about to do in accusing Hippolytus, Phaedra asks what aid she can expect from the gods.

677. τὸ γὰρ κ.τ.λ.] Schol. τὸ γὰρ νῦν πάθος παρὸν παντὸς τοῦ βίου δυσεκπέρατόν ἐστιν. Cf. inf. 884. Perhaps ἔρχεται hardly means more than ἔστιν, unless the evil now present is spoken of as also progressive. There is some difficulty in the syntax of βίου, which is certainly out of place if construed with πάθος. The sense would be simple if we could read τινι, i.e. Ἱππολύτῳ.

683. οἷα] an exclamation, 'what mischief you have done me!'

685—6. οὐκ εἶπον] 'Did I not tell you—foreseeing as I did your intention—to be silent on the subject by which I am now being brought to this humiliating position?' She foresaw the nurse's intention, and had begged her not to tell her love to Hippolytus, sup. 520. The genitive φρενὸς is peculiar. Schol. οὐχὶ τὸ προπετὲς τῆς διανοίας προνοουμένη ἐκέλευον σιωπᾶν καὶ μὴ ἐκφαίνειν τὴν ἐμὴν ἐρωτικὴν κάκωσιν; Perhaps it depends rather on the implied notion of ᾐσθημένη. The addition of νῦν shows that the Schol. misunderstood κακύνομαι.

687. ἀνέσχου] scil. σιγῶσα.

688. καινῶν λόγων, viz. the false accusation against Hippolytus.

690. καθ' ἡμῶν] He will tell against *me* what was really your fault, i.e. that I not only loved him, but desired that he should know it.

696. τὴν διάγνωσιν] Your vexation at the result makes you unable to distinguish what was really a good intention on my part from a bad one.

700. The order of the particles is εἰ δέ γε εὖ ἔπραξα κ.τ.λ. 'Very true, you may blame me now; but let me tell you, if I had succeeded, you would have called me wise for my conduct.'

701. πρὸς τὰς κ.τ.λ.] 'For it is according to our successes or failures that we possess wisdom or folly,'—our success is the measure of the wisdom we get credit for.

702—3. Phaedra peevishly rejoins, 'What! is this

right and satisfactory to me, to join issue with me in words, when it is by words that you have inflicted on me this wound?' Schol. ἰσολογεῖν μοι καὶ ἐκ τῶν ἴσων ἀμφισβητεῖν. Elsewhere, as in *El.* 1052, γυναῖκα γὰρ χρὴ πάντα συγχωρεῖν πόσει, the verb means 'to agree with,' like προσχωρεῖν πόλει, *Med.* 222.

707. κακά] This word belongs only to παρῄνεσας, while the adverb refers also to ἐπεχείρησας.

715. προστρέπουσα (if the reading is correct, and not προτρέπουσα) seems to mean προσέχουσα τὸν νοῦν.

717. προσθεῖναι] Cf. 951.

718. πρὸς τὰ νῦν πεπτωκότα, 'as matters have now turned out'; a metaphor from dice.

721. ἐπ' ἔργοις] 'with' or 'after doing' disgraceful deeds. Cf. *Troad.* 1022, κἀπὶ τοῖσδε σὸν κάρα ἐξῆλθες ἀσκήσασα.

724. καὶ σύ γ' κ.τ.λ.] 'And do *you* (i.e. unlike the nurse) give me good counsel in the matter.'

727. ἡσσηθήσομαι] 'I shall be the victim of a fatal passion.' Cf. inf. 976, εἰ γὰρ παθών γε σοῦ τάδ' ἡσσηθήσομαι, 'if I shall stand second to you by having to submit to this treatment.' *Alc.* 697, γυναικὸς ἡσσημένος.

730. ὑψηλός] 'conceited.' He will say my fate was deserved, and he will regard it as a triumph of virtue over vice.

731. μετασχών] She here seems to charge Hippolytus with being a party to and sharing in the attachment. Perhaps the poet says this to justify an injustice so glaring as the false accusation of Hippolytus. But Phaedra may merely mean that he will share with her in the *consequences* of her love, viz. in the death that awaits her; while she may wish the chorus to suppose he had really made advances to her. In σωφρονεῖν there seems to be a double sense, 'to be more humble for the future' and (as the chorus are to understand it) 'to be chaste.' Schol. μετριάζειν καὶ μὴ ὑψηλοφρονεῖν ἐπὶ ταῖς ἑτέρων δυστυχίαις. Cf. 1034.

732. Phaedra leaves the stage to carry out her fixed resolve of committing suicide. The chorus wish that they could fly away to some place of rest from their trouble, either to a gloomy cavern in a steep cliff, or to the amber-stream in the far-off west, or to the gardens of the Hesperides. They then apostrophize the ill-starred Cretan bark that conveyed Phaedra to the port of Athens.

ibid. κευθμῶνες are the hollows (χηραμοί, *Il.* xxi. 495) in smooth inaccessible rocks where sea-birds breed. The word ἠλίβατος perhaps contains the root of λεῖος, 'smooth,' the ἠ being merely a euphonic prefix.

735. ἀρθείην δέ] 'and O that I could soar aloft,' &c., i.e. that so I might soar on wings to the shore of the

Hadriatic. In the time of Euripides, very little was known of the geography of the north parts of Italy, viz. those not including the settlements of Magna Graecia. Hence the 'amber-stream' was entirely mythical, albeit the poet would seem here to identify Eridanus with the river Po. Quintus Smyrnaeus, v. 625, ἤλεκτρόν τ' ἐπὶ τοῖσι διειδέα, τόν ῥά τέ φασιν ἔμμεναι ἠελίοιο πανομφαίοιο θυγατρῶν δάκρυ, τὸ δὴ Φαέθοντος ὑπὲρ κταμένοιο χέαντο μυρόμεναι μεγάλοιο παρὰ ῥόον Ἠριδάνοιο. The Schol. remarks that these places are mentioned either as sympathetic with grief (in the fates of Io and the sisters of Phaethon) or as having witnessed a metamorphosis of the human form, Io being changed into a cow, the sisters of Phaethon into trees. It is rather remarkable that both the Greeks and the Romans should have rightly explained amber as the exudation from a tree.

743. ἀνύσαιμι] See on 365.

744. ἵνα κ.τ.λ.] 'Where the Sea-King of the deep-blue lake no longer allows sailors a passage to reach that sacred boundary of the sky which is upheld by Atlas.' The ancients regarded the earth as fixed, and the sky as a rotating brazen vault, χάλκεον οὖδας, the lower margin of which rose like a wall out of the deep ocean-stream, and was kept in its place, i.e. in its proper balance and rotation, by Atlas, who held the 'pillars of earth and sky' in the far west. (See the note on *Prom. V.* 356.) By this descent from heaven to earth the gods were supposed to visit man. Milton, *Ode to the Nativity*, "She (Peace), crown'd with olive green, came softly sliding Down through the turning sphere." Quintus Smyrnaeus, xiv. 224, αἶψα δ' ἐς Ἠλύσιον πεδίον κίεν, ἧχι τέτυκται οὐρανοῦ ἐξ ὑπάτοιο καταιβασίη τ' ἄνοδός τε ἀθανάτοις.

746. Hartung reads κύρειν for κύρων from the Schol., who explains it by πρὸς τὸ ἐγγίζειν εἰς τὸν ὠκεανόν. Usually (as in *Prom. V.* 738) κύρειν takes the genitive; but like τυγχάνειν (Aesch. *Cho.* 698) it it seems also to take the accusative.

748. κρῆναί τε κ.τ.λ.] The poet seems to place the Isles of the Blest on the extreme verge of the horizon, where the gods themselves have contact with earth.

752. ὦ λευκόπτερε κ.τ.λ.] 'O white-sailed Cretan bark, that through the surging wave of the briny sea didst convey my queen from a happy home for a marriage most disastrous to her peace!'—ὄνασιν, the accusative in apposition to the sentence. Schol. εἰς τὴν κακὴν ὠφέλειαν τοῦ γάμου, εἰς ἀπόλαυσιν κακῶν.

758. ἀπ' ἀμφοτέρων] It seems that this is to be construed with δύσορνις, 'with a bad omen from both shores (Crete and Attica), or at least from the Cretan land, it flew to the far-famed Athens.' It was thought unlucky for

a ship to leave any shore with a bad omen. Cf. *Troad.* 409, οὑτᾶν ἀμισθὶ τοὺς ἐμοὺς στρατηλάτας τοιαῖσδε φήμαις ἐξέπεμπες ἂν χθονός. Schol. ὄντως γὰρ ἀπὸ τῶν δύο, ἀπό τε τῆς Κρήτης καὶ τῆς Ἀττικῆς, κακὰ σημεῖα ἐφάνησαν αὐτῇ. But he adds, that some interpreted ἀπ' ἀμφοτέρων to mean the omens from her parents on leaving her home.

760. Μουνίχου] Munychus is the eponym hero from whom the port of Munychia was said to take its name. Schol. ὁπηνίκα ἐν τῷ Μουνυχίῳ λιμένι παρέβαλον τὰς ἀρχὰς τῶν σχοινίων καὶ ἔδησαν ἐν αὐτῷ καὶ ἐξέβησαν ἐν τῇ γῇ, τὸ τηνικαῦτα ἡ Ἀφροδίτη κακὸν ἔρωτα ἔπεμψε τῇ ἐμῇ δεσποίνῃ.

763. ἀνθ' ὧν] 'in consequence of which omens from both places.' Schol. ἀφ' ὧν τῶν κακοσήμων οἰωνῶν.—κατεκλάσθη, 'she broke down in her reason through the terrible passion of unlawful love sent by Aphrodite.' Cf. *Od.* iv. 538, ὣς ἔφατ', αὐτὰρ ἔμοιγε κατεκλάσθη φίλον ἦτορ. Both ἐρώτων and Ἀφροδίτας depend on νόσῳ.

765. χαλεπᾷ δὲ κ.τ.λ.] 'And being over head and ears (sunk deep) in a distressing ailment, she will adjust to her white neck and tie upon it a noose hanging from (a beam of) her bridal chamber, unable to bear the shame of a lot in life that has become hateful to her, and preferring to it the report which will give her a good name, and endeavouring to drive from her mind her grievous love.' For καταιδεῖσθαι see *Helen.* 805, μή νυν καταιδοῦ, φεῦγε δ' ἐκ τῆσδε χθονός.

776. βοηδρομεῖτε] 'Come to the rescue, all who are near the house!' The proper meaning of βοή is 'a call for aid,' as in Aesch. *Ag.* 1320, ἀστοῖσι κηρύσσειν βοήν. *Oed. Col.* 886, τίς ποθ' ἡ βοή;

780. ἀμφιδέξιον] Schol. δίστομον, i. e. with a double edge, the handle being in the middle, as was commonly the case with primitive stone hatchets, and as the form is to be seen on early Greek vases.

782. τί δρῶμεν;] The hesitation to enter, on the part of half the chorus, is a stage-contrivance to obtain delay, since the plot required that the suicide of Phaedra should be carried out. Thus in Aesch. *Ag.* 1315 a council is held by the chorus whether they should rush into the palace at the death-cry of Agamemnon.

786. ὀρθώσατε] 'Put straight the limbs as you lay out the poor corpse.' For ἐκτείνειν see *Alcest.* 349. 366.—οἰκούρημα, 'a sad end this of one who had the care of the house.' *Heracl.* 700, αἰσχρὸν γὰρ οἰκούρημα γίγνεται τόδε.

792. ὡς θεωρόν] Schol. ἀντὶ τοῦ ἀπὸ μαντείας. Cf. 281. It was the custom for the whole household to receive with joyful welcome one who returned from the oracle with a garland on his brow.

794. εἴργασται, in a medial sense, and virtually=

πέπονθε. 'Surely no harm has been done to old Pittheus, has it?' Similarly *Elect.* 277, ὑπ' ἐχθρῶν οἷ' ἐτολμήθη πατήρ. For the inquiry of the welfare of the family, and the evasion and ambiguity of the answers, compare *Alc.* 514 seqq. *Ibid.* 516, πατήρ γε μὴν ὡραῖος, εἴπερ οἴχεται.

799. συλᾶται] 'Am I being robbed of the life of one of my children?' Like λῃΐζεσθαι, συλᾶν is specially applied to bandits or pirates.

803. παχνωθεῖσα] Lit. 'congealed,' 'stiffened' by grief. Aesch. *Cho.* 74, κρυφαίοις πένθεσιν παχνουμένη. *Il.* xvii. 112, τοῦ δ' ἐν φρεσὶν ἄλκιμον ἦτορ παχνοῦται.

807. φύλλοις] So the herald is κατάσκιος κλάδοις ἐλαίας, Aesch. *Ag.* 476, and Creon is κάρα πολυστεφὴς παγκάρπου δάφνης in *Oed. R.* 82.

809. ἁρμούς] 'the fastenings of the door,' the μοχλὸς (bar) or κλῇθρα (bolt, or hasp, or both). He speaks to the servants within. See *Med.* 1315—17, Aesch. *Cho.* 864.

815. πάλαισμα] 'the desperate effort of your own hand.'

816. ἀμαυροῖ] 'throws a dark shadow over your life.'

817. The ῥῆσις of Theseus, consisting of dochmiacs alternating with iambics, denotes the greatest excitement and distress. Vv. 817—29 nearly correspond (metrically) with 836—47.

818. τὰ μάκιστα] 'I have suffered woes that go beyond all the toils I have endured.' The labours of Theseus, like those of Hercules, were celebrated in the old lore.

820. κηλίς] 'A blight (or blot) on my happiness caused by some demon,—nay rather, a total destruction of life by making it not worth living.' Schol. καταφθορὰ ζωῆς ἀβιωτοποιός. Cf. inf. 867.

822. κακῶν πέλαγος] See on Aesch. *Prom.* 765, δυσχείμερόν γε πέλαγος ἀτηρᾶς δύης.

831. πρόσωθεν] 'From some far-back time I am bringing back on myself an ill-luck sent by the gods (or by the angry spirits of the mighty dead) through the crimes of some of my forefathers.' The doctrine of ancestral guilt, bringing a ban or curse on posterity, (ἄγος), was strongly held by the Greeks, and it occurs alike in history and in tragedy. It was connected with their views of fatalism, and seemed a ready way of explaining misfortunes for which they were not personally responsible.

834. οὐ σοὶ μόνῳ κ.τ.λ.] Compare *Alcest.* 417, οὐ γάρ τι πρῶτος οὐδὲ λοίσθιος βροτῶν γυναικὸς ἐσθλῆς ἤμπλακες.

841. πότνια, καρδίαν would better agree with the metre of 822. For the accusative after βῆναι cf. Ar. *Nub.* 30, ἄταρ τί χρέος ἔβα με μετὰ τὸν Πασίαν; The meaning is, 'what caused the event that so touched your heart as to cause your suicide?'

844. στέγει] 'conceals within it.' *Oed. Col.* 15, πύργοι μὲν οἳ πόλιν στέγουσιν. *Oed. R.* 341, ἥξει γὰρ αὐτά, κἂν ἐγὼ σιγῇ στέγω. The question, of course, is impatiently put.

847. ὀρφανεύεται] The transitive occurs *Alc.* 165, 297.

852. Perhaps ὅσον, ἰὼ τάλας, κακὸν ἔχει δόμος.

855. τὸ ἐπὶ τῷδε] The chorus fear the possible consequences of the suicide to themselves, for not having prevented it; or, perhaps, they anticipate the fate of Hippolytus, or at least the violent resentment of Theseus. The Schol. takes it in the first sense.

858. ἐπιστολάς] 'charges or injunctions respecting her marriage and her children.' Cf. *Prom. V.* 3, σοὶ δὲ χρὴ μέλειν ἐπιστολάς, and *Trach.* 155, παλαιὰν δέλτον ἐγγεγραμμένην ξυνθήματα. These are the earliest instances, perhaps, of *written wills*. The genitive is here used as λόγοι τινος, 'words on a subject,' ὀξεῖά σου βάξις, *Ajac.* 998, 'a sudden report about you.'

860. θάρσει] Theseus anticipates some protest against a second marriage, like that in *Alc.* 305.

862. τύποι σφενδόνης] The mark or impress of the bevil (or rim) of the gold-set gem; or rather (Schol.) the impression of the seal itself within the setting, τὴν ἐπικειμένην σφραγῖδα τῷ δεσμῷ. So περιβολαὶ σφραγισμάτων inf. 864 are the tie or fastening of the letter held together by the seal. Plat. *Resp.* ii. p. 359 E, καθήμενον οὖν μετὰ τῶν ἄλλων, τυχεῖν τὴν σφενδόνην τοῦ δακτυλίου περιαγαγόντα πρὸς ἑαυτὸν εἰς τὸ εἴσω τῆς χειρός.—προσσαίνουσι, 'greet my sight.' So παιδός με σαίνει φθόγγος, 'steals on my ears,' *Antig.* 1214. *Prom. V.* 854, εἰ τῶνδε προσσαίνει σέ τι. *Rhes.* 55, σαίνει μ' ἔννυχος φρυκτωρία.

864. ἐξελίξας] 'undoing,' 'opening out,' διαπτύξας, inf. 985; or perhaps, 'unwinding' the string. Cf. *Herc. F.* 977. *Troad.* 3. Schol. τὰς περιπλοκὰς ἀναλύσας.

866. ἐκδοχαῖς.] Schol. κατὰ διαδοχήν.

867. ἀβίωτος] Cf. 821. Perhaps ἐμοί γ' ἂν οὖν κ.τ.λ., 'To *me* certainly the condition of my life would be unbearable to meet with, in regard to (i.e. in consequence of) what has been brought about by the gods.' The ἄν is wanted to εἴη, which cannot here express a wish. But Schol. A so explains it, ἐγὼ μὴ ἐπιζήσαιμι πρὸς τὸ μέλλον γενέσθαι.

873. κακόν] Perhaps κακῶν, 'I see an omen of evil from some one (i.e. the death of Hippolytus from Theseus) as clearly as if I were a prophet.' The Schol. says "these verses are not found in some copies;" and the ὁμοιοτέλευτον in δόμους and κακὸν seems against their genuineness.

874. τόδε] He sees the name of Hippolytus in the letter.

879. οἷον] a short way of expressing διότι τοιοῦτον εἶδον.

880. φθεγγόμενον] 'as if it had a voice to speak.' This is said in reference to βοᾷ δέλτος.

882. ἐν πύλαις] So Arist. *Ran.* 838, ἔχοντ' ἀχάλινον ἀκρατὲς ἀθύρωτον στόμα. '*This* I can no longer keep within the doors of my mouth, hard as it is to let it pass them, so dire an evil!' See sup. 677. The Scholiasts explain 'an evil difficult to escape from.'

886. ἀτιμάσας] 'He has paid no regard to the holy eye of the all-seeing Zeus,' but supposed his crime would escape detection. Cf. Aesch. *Suppl.* 374, τὸν ὑψόθεν σκοπὸν ἐπισκόπει, φύλακα πολυπόνων βροτῶν. Schol. ἀντὶ τοῦ τὸν πατρῷον Δία ὑβρίσας.

887. ἀλλ' ὦ κ.τ.λ.] The poet well makes the utterance of the fatal curse the result of a momentary excitement. The passion of Theseus is shown by his prayer that Hippolytus may die that very day.

890. σαφεῖς] This word often means ἀληθεῖς, as in σαφὴς φίλος, λόγος, μῦθος, *Med.* 72. The sense is, 'if, as I believe (εἴπερ), the curses you promised to fulfil for me were real, and not vain words.'

891. ἀπεύχου] lit. 'unpray,' i.e. retract this prayer of your's. 'You will have reason to know hereafter' (they add) 'that you were in the wrong.'

893. καὶ πρός γ' κ.τ.λ.] Schol. πρὸς τούτοις καὶ ἐκβαλῶ αὐτὸν ἐκ ταύτης τῆς γῆς. He means (cf. 897) that even if the curse should not take effect, he will banish his son, who will therefore have to suffer one of two evils. For the next verse compare *Prom. V.* 886, δυοῖν δὲ θἄτερον βουλήσεται.

900. ἐξανείς] 'relaxing.' Usually the ἐξ has more force in this compound than the ἀνὰ, and so ἐξανιέναι means 'to send forth,' *Bacch.* 762, *Oed. Col.* 1375. But in *Androm.* 718 it means 'to loosen, to undo a knot.' Cf. sup. 285, ἀνήσω οὐδὲ νῦν προθυμίας.

902. Hippolytus, wholly unconscious of the cause of his father's anger, comes to inquire. He is met by the sight of Phaedra's corpse, and it must be admitted that his philosophising on such an occasion is pedantic and out of place.

908. οὔπω κ.τ.λ.] A short way of saying οὔπω χρόνος παλαιός ἐστιν ἐξ οὗ ἐδέρκετο. Cf. Thuc. i. 6, οἱ πρεσβύτεροι —οὐ πολὺς χρόνος ἐπειδὴ χιτῶνας λινοῦς ἐπαύσαντο φοροῦντες.

913. λίχνος] 'curious,' 'inquisitive.' A mind that seeks to know everything is fain to inquire even into evils. This is a sort of apology for πολυπραγμοσύνη, a habit particularly disliked by the independent Athenian.

916. μάτην] This word is sometimes added superfluously when any failure or vain result is described. So in Aesch. *Cho.* 831, λόγοι θνήσκοντες μάτην.

923. ἀλλ' οὐ γάρ] 'However, as your subtle philosophy is ill-timed, I fear your tongue may have run into excess (or overshot the mark) from your misfortunes.'

925. Theseus attributes the quiet and self-possessed demeanour of his son to hypocrisy, and wishes that there were some mark (χαρακτὴρ, *Med.* 519) to distinguish men's minds as well as their faces, in which case (ὡς) the insincere friend might be self-detected, just as a criminal is sometimes detected by his own look.—For χρῆν cf. 507, 619.

929. ὅπως ἐτύγχανεν] 'an honest voice as well as one according to circumstances,' i. e. directed solely by expediency without regard to truth.—ὡς, like ἵν' εἶχον sup. 647.

932. διαβαλὼν ἔχει] 'persisted in misrepresenting me.'—νοσοῦμεν, 'have we got into trouble with you without being at all in fault?' See on 1150.

935. παραλλάσσοντες] 'rambling,' 'straying away from their proper seat in your mind.'—The Scholiasts for the most part take ἔξεδροι in a transitive sense, 'causing me to lose my sober senses.' But a better explanation is μαινόμενοι, ἐξεστηκότες, ἄδικοι, παραλογιστικοί. We might perhaps read ἔξεδρον, i.e. ὥστε εἶναι, or παραλλάσσειν may even be transitive, as in *Antig.* 298, τοῦτ' ἐκδιδάσκει καὶ παραλλάσσει φρένας χρηστὰς πρὸς αἰσχρὰ πράγμαθ' ἵστασθαι βροτῶν.

936. Theseus, amazed at the audacity, as he thinks it, of his son, breaks out in an invective against man's insincerity in general, and ridicules the Orphic doctrines which have brought about such a result in his son.

938. εἰ γάρ κ.τ.λ.] 'For if it (viz. men's audacity) shall continue to grow in bulk in proportion to a man's life, and he who comes after is to be a villain in excess of him who went before, it will be necessary for the gods to add a new earth to this world of ours, which shall be large enough to hold those who are dishonest and base by nature.' The meaning is, that vice and deceit so increase, that soon there will be no room left for rogues; the whole earth will be filled with them. Or the poet may intimate, that it will become impossible for honest men to reside on the same earth, where a majority are dishonest.

946. ἐς μίασμα] Schol. ἐπεὶ ὅλως ἐτόλμησας ἐλθεῖν εἰς τὸν τῆς Φαίδρας ἔρωτα, ὅπερ μίασμα καλεῖ. The γε expresses the ironical taunt against one who professes sanctity, but has been detected in crime. Cf. 955. He calls on his son to look him in the face, and say what his Orphic doctrines are really worth.

948. περισσός] See on 437.—ξύνει, sup. 17.—ἀκήρατος, 73.

951. προσθεὶς] 'Since I should thus bring on the gods the charge of folly for being so ill-judging.' Cf. sup. 717.

952. ἤδη νῦν] *i nunc*, 'Go, now, and boast of your

schooling; trade in a diet on lifeless (vegetable) food, and with Orpheus for your lord and master go on playing the fool, and holding in honour the mystic obscurities of many a written precept, now that you are caught!' In καπηλεύειν there seems a reference to the profits made by the 'Ορφεοτελεσταί in teaching the Orphic and Pythagorean doctrines. The Schol. less correctly renders it by χλεύαζε, ἀποπλάνα ἀνθρώπους. Cf. Aesch. *Theb.* 540, ἐλθὼν δ' ἔοικεν οὐ καπηλεύσειν μάχην, 'he seems likely to drive no small trade in fighting.' The abstinence from animal food appears to have been common to the Orphic and Pythagorean systems. See Plato, *Legg.* vi. p. 782 c, Ar. *Ran.* 1032, 'Ορφεὺς μὲν γὰρ τελετάς θ' ἡμῖν κατέδειξε φόνων τ' ἀπέχεσθαι. Hor. *Ep. ad Pis.* 391, 'silvestres homines sacer interpresque deorum caedibus et victu foedo deterruit Orpheus.'

957. σεμνοῖς] 'fine.' So σεμνὸν δῶμα, ὄνομα, σεμνὴν ἐσθῆτα, &c.

958. τοῦτο] viz. the fact that she cannot appear as a living witness against you.

959. ἁλίσκει] The falsity of your professed innocence is made clearer by the fact of her death.

960. ποῖοι—τίνες] These words are commonly combined, but the contrary order is more usual, as in Aesch. *Suppl.* 888, οὗτος, τί ποιεῖς; ἐκ ποίου φρονήματος ἀνδρῶν Πελασγῶν τήνδ' ἀτιμάζεις χθόνα; Theocr. ii. 90, ἐς τίνος οὐκ ἐπέρασα, ἢ ποίας ἔλιπον γραίας δόμον;

961. τῆσδε] i.e. νεκροῦ τοῦδε. Cf. 279, 482. The sense is, 'What verbal evidence of your guilt *could* be greater, or what protestation of your own innocence more credible, than the ocular proof supplied by her death?'

964. κακὴν ἔμπορον] She made a bad bargain if she gave a more valuable commodity, life, in exchange for a less valuable one, revenge.—τὰ φίλτατα, 'all that was dearest to her,' her own existence.

966. τὸ μῶρον] the want of modesty, *impudicitia*. Cf. 644. It is intended to meet a plea which Hippolytus may make, that the advances came from Phaedra, and met with no response from him. This appears to Theseus altogether improbable. He is the man of the world, and has a history of his own which tells the other way.

970. τὸ δ' ἄρσεν] Their sex, which has more resolution and more power to resist, aids them as an ally in the struggle. The Schol. took the meaning quite differently, συγγνώμην αὐτοῖς παρέχει τὸ ἄνδρας εἶναι ἐν ἁμαρτίαις, ταῖς γυναιξὶ δὲ οὔ. See *Electra* 1035—40.

971. ἁμιλλῶμαι] 'Why do I thus contend with you in arguments, when the corpse is before us, the clearest witness of your guilt?' Cf. *Suppl.* 195, ἄλλοισι δὴ 'πόνησ' ἁμιλληθεὶς λόγῳ τοιῷδε.

976. σοῦ] 'If I shall have to submit to be so treated by *you.*' In syntax this depends on ἡσσηθήσομαι, though its place in the verse rather implies παθὼν ὑπὸ σοῦ. See on 727.

977. Σίνις] A bandit so called infested the Scironian rocks in the neighbourhood of the Isthmus of Corinth. He was called πιτυοκάμπτης from tying his victims to pliant pines and tearing them asunder by the recoil. From this and similar experiments he was stopped by Theseus, who hurled him from the cliff into the sea. 'If,' says Theseus, 'I am tamely to suffer this at your hands, Sinis will say in Hades (or, his fate will be interpreted to say) that he was not killed by me, but that I was an empty boaster.'

982. τὰ πρῶτα] What was formerly first in prosperity, viz. the house of Theseus, has been turned upside down, so as to become the contrary. Cf. *Med.* 409, καὶ δίκα καὶ πάντα πάλιν στρέφεται.

983. Hippolytus makes an eloquent and spirited defence. He is 'rude in his speech,' but will try to show that his whole course of life has been one the opposite to sensual indulgence. This is a very noble passage, and not to be ridiculed or underrated because the poet makes Hippolytus talk philosophy out of season.

ibid. ξύστασις] 'earnestness,' *mentis intentio. Alc.* 797, τοῦ νῦν σκυθρωποῦ καὶ ξυνεστῶτος φρενῶν. Thuc. vii. 71, ὁ ἐκ τῆς γῆς πεζὸς—πολὺν τὸν ἀγῶνα καὶ ξύστασιν τῆς γνώμης εἶχε. The plural noun has a different sense in *Andr.* 1088, Thuc. ii. 21, *circulos*, 'meetings.'

984. τὸ μέντοι κ.τ.λ.] 'This charge however, though it has fair arguments in its favour, yet, if one fully explains it, is not a fair one.'

986. ἄκομψος] 'wanting in eloquence.' The notion of κόμπος, κομπάζειν, is that of pretentious talk. So *Troad.* 646, κομψὰ θηλειῶν ἔπη. *Rhes.* 625, τρίβων γάρ εἶ τὰ κομψά. *Suppl.* 426, κομψός γ' ὁ κῆρυξ.

988. ἔχει μοῖραν] Schol. ἀντὶ τοῦ ἔχει δὲ καὶ τοῦτο λόγον. Aesch. *Eum.* 454, αὗται δ' ἔχουσι μοῖραν οὐκ εὐπέμπελον. 'Now this too (this deficiency in a special gift or faculty) has something to be said for it; for those who make a poor figure among the really wise are more skilled in speaking before the multitude.' This perhaps contains an allusion to Cleon, who, in the year of this play (B.C. 429), which was also that of the death of Pericles, succeeded to the leadership of the Athenian demos.

990. ξυμφορᾶς] The position in which I stand before you as a culprit.

992. ὑπῆλθες] 'you made me the subject of your suspicion.' Schol. ὑπέδραμες, παρελογίσω.

993. κοὐκ] Schol. περισσὸς ὁ καί. More fully he should have said καὶ οὐκ ἔδοξας ἐμὲ ἀντιλέξειν.

995. σωφρονέστερος] He replies to the charge in v. 943.

997. μὴ ἀδικεῖν] i.e. τοῖς μὴ π. ἀδικεῖν, 'to adopt as friends not such as are ever trying to act dishonestly, but those who have too much honour either to propose what is wrong or to requite their associates with immoral services.'

1000. ἐγγελαστής] A man may have a friend to make him a subject of his banter, or he may be friendly to an acquaintance before his face, but laugh at him behind his back. To this sense the next verse points. He means that he selects proper objects for his regard, and then treats them with respect and sincerity.

1002. ἑλεῖν] 'to convict me.'

1005. γραφῇ] 'in painting.' See on 451. The Schol. wrongly explains ἐν τοῖς ἀναγνώσμασιν, imagining that written literature must be meant.

1007. καὶ δὴ κ.τ.λ.] 'Well! perhaps this alleged continence of mine does not convince you; it is for you then to show in what way I was corrupted by her.' This was a favourite argument with the rhetoricians, to establish a case by probabilities, ἐκ τῶν εἰκότων.

1009. ἐκαλλιστεύετο] The passive form occurs *Med.* 947, *Bacch.* 407. Similar verbs are ἀριστεύειν, κρατιστεύειν.

1011. ἔγκληρον] 'Did I expect, on the death of Theseus, to be his heir, and not only to succeed to his palace, but also to his wife?' Literally, 'to a marriage with a portion attached to it.' Schol. μετὰ τοῦ δόμου καὶ τὴν ἔγκληρον καὶ εὔπορόν σου λαβεῖν εὐνήν. By the law the property would go to the nearest blood relation, though by will a man might leave both his wife and his property to another.

1012. οὐδαμοῦ φρενῶν] Lit. 'rather I was nowhere at all in respect of sense.'

1013. τοῖσι σώφροσιν] 'You will perhaps say, a man may be chaste (not covet the wife), but yet he may wish to hold the chief power.' We might take the verse interrogatively, and (with the Schol.) refer σώφροσιν to worldly prudence: 'Or will you say that tyranny has any charms for people of sense?' It seems however more probable that σώφρων bears the same sense in 1007 and 1013. Compare Soph. *Oed. R.* 587—9. The poet takes the opportunity of expatiating at some length on this favourite theme.

1014. διέφθορε, as in Soph. *Elect.* 305, is perhaps transitive. In *Med.* 226 the active perfect is διέφθαρκα. But in *Il.* xv. 128 we read μαινόμενε, φρένας ἠλέ, διέφθορας.

1016. ἀγῶνας] This allusion to the great games is, of course, an anachronism. The Schol. strangely explains ἐν τῇ κυνηγεσίᾳ καὶ ἐν τῇ φιλοσοφίᾳ.—πρῶτος, 'to stand first as victor in the contests, but to enjoy continued prosperity as the second man in the state,' i.e. leaving the risk and the responsibility of ruling to another. There is a similar sentiment in *Ion* 625, δημότης ἂν εὐτυχὴς ζῆν ἂν θέλοιμι μᾶλλον ἢ τύραννος ὤν.

1019. πράσσειν] Here used in a general and indefinite way, 'one has the means of acting without the risk,'—the influence without the danger that attends government.

1022. οἷός εἰμ' ἐγώ] 'to attest what *my* morals are,' i.e. if you could have proved my innocence by cross-questioning her. The emphasis on ἐγὼ may be meant to throw the blame on the party really in fault, the οἱ κακοί, meaning the nurse, and perhaps Phaedra too. But the Schol. explains, 'if I had a witness to my character as honest and upright as myself.'

1025. νῦν δέ] 'As it is, I can only assert on my solemn oath my own innocence.'

1027. μηδ' ἄν] i.e. καὶ ὅτι οὐκ ἂν ἠθέλησα εἰ ἠδυνάμην.

1028. ἢ τἄρα] See sup. 480.

1033. οὐ θέμις] He alludes to his oath not to reveal the secret, sup. 657.—οὐκ οἶδα, i.e. I am bound to profess ignorance: 'I have no knowledge.'

1034, 5. These lines are rather obscure. The Schol. gives two explanations; (1) 'Phaedra was discreet in telling her love' (rather, 'in dying to preserve her virtue') 'though she was not able to conquer her passion,' and (2) with an interrogation, which would be another example (sup. 1007) of the argument from probability: 'Was Phaedra chaste, when she could not resist her desire, and I chaste, though I made a bad use of that virtue?' viz. in not at once informing you of the case. It is more likely that the poet, after his custom, plays on the double sense of σωφρονεῖν, 'to have self-control,' and 'to be discreet.' Phaedra had the latter virtue without the former: Hippolytus had the former but not the latter, for he had allowed himself to be led into this predicament. The self-blame, though not strictly just, is by no means unnatural.

1039. εὐοργησίᾳ] 'by his cool and easy temper.' Schol. ἀνεξικακίᾳ. Cf. *Bacch.* 641, πρὸς σοφοῦ γὰρ ἀνδρὸς ἀσκεῖν σώφρον' εὐοργησίαν.—κρατήσειν, 'to influence,' 'to gain over to his side.'

1041. καὶ σοῦ γε] 'And I on my part wonder very much at *your* easy temper; for if I had been in your place, and you in mine, I would have killed you at once, and not have been for banishing you by sentences of exile.' Cf. *Med.* 453, πᾶν κέρδος ἡγοῦ ζημιουμένη φυγῇ. Ar. *Ach.* 715, κἂν φυγῇ τις ζημιοῖ (ζημιοῦν MSS.).

1047. ταχὺς γάρ] A speedy death is easiest for a man when he is in trouble; but you deserve a death which is the furthest removed from an easy one.

1050. δυσσεβεῖ] for one who has proved undutiful to

his father. The Schol. tells us this verse was not found in many of the copies.

1053. πόντου] See on v. 3.

1056. ἐλέγξας] 'What! without asking me to take an oath, or to give a solemn pledge of hand, or so much as inquiring what the prophets say, are you going to cast me out of the land without a trial?' It is clear that ἐλέγξας properly applies to the μάντεις alone, some word like μείνας being required for ὅρκον and πίστιν.

1057. κλῆρον] 'the notes (observations) of a seer.' This is said in irony. Schol. κλῆροι λέγονται τὰ σημεῖα τῆς πτήσεως τῶν οἰωνῶν, ἐξ ὧν οἱ μάντεις προλέγουσιν. See *Phoen.* 838.

1059. χαίρειν λέγω] See sup. 113. For this disparagement of μάντεις, which is first found in *Il.* xii. 238, see *Rhes.* 65, *Ion* 374, *Hel.* 746—57.

1060. λύω] absolve from all obligation by my oath. But to Theseus it would mean, 'Why do I not swear I am innocent?'

1063. μάτην] 'I should violate to no good purpose my oath of secresy, since I should not be believed.' This is a fine trait in the character of Hippolytus. Rather than break an oath, which, under the circumstances, was hardly of moral obligation (612), he prefers to bear the brunt of his father's anger. By the phrase συγχεῖν ὅρκους the Greeks expressed that political confusion which results from the breaking of treaties. But it may originally have referred to the obliteration of written words; see *Iph. A.* 37.

1064. τὸ σεμνόν] 'your cant,' viz. in appealing to the gods. Theseus, of course, is not aware that his son is pledged to silence.

1067. τῇδ' ἐπ' αἰτίᾳ] Such a charge as this supposed relation with my own father's wife will make me shunned as a murderer would be.

1069. κομίζων] See on 1261.

1070. πρὸς ἧπαρ] Supply ἦλθε.

1071. εἰ δή] If I really am shown to be base by the evidence, and if you think me so in your own mind.

1074. φθέγμα] See sup. 418, and 1022.

1077. οὐ λέγων] You are proved to be guilty ἔργῳ, not merely λόγῳ. Cf. 1024.

1079. ὡς] See sup. 930. The sense, which the Schol. partly misunderstood, is 'for then I would have shed tears at my own misfortunes,' since Theseus, who *is* standing opposite, is relentless.

1080. σέβειν] 'to hold in regard.' Theseus thinks the sentiment just uttered is a selfish one.—δίκαιος ὤν, 'with all your pretence of being upright and just.'

1082. πικραὶ γοναί] Alas for my birth into the world,

since I was only born to die in exile.—νόθος, as if his father's resentment against him was on that account.

1085. ξενοῦσθαι] that he be made a ξένος, banished to a foreign land.

1086. κλαίων] 'to his cost.' Aesch. *Suppl.* 902, κλαίοις ἂν, εἰ ψαύσειας, οὐ μάλ' ἐς μακράν.

1088. λόγοις] Cf. 1065.

1091. ὅπως φράσω] 'how I can give expression to them,' i.e. to my grief at the fate that awaits me. The address is full of feeling and natural sentiment. He bids goodbye first to Artemis, then to Athens, which was a part of the kingdom of Theseus as well as Troezen; lastly, to his young friends and companions in the chase.

1096. ἐγκαθηβᾶν] 'to spend a happy youth in.' So ἐνδυστυχῆσαι, *Bacch.* 508, *Phoen.* 727; ἐγκαθυβρίζειν, *Troad.* 997, 'to exercise one's insolence upon;' Ar. *Av.* 122, σισύραν ἐγκατακλινῆναι μαλθακήν, *ib.* 38, καὶ πᾶσι κοινὴν ἐναποτῖσαι χρήματα 'a city for all alike to be taxed in.' Hippolytus alludes to his favourite horse-racing and hunting-grounds.

1099. προσείπατε] 'Give me a kind word at parting.' Cf. *Alcest.* 194.

1102. The chorus—speaking, as the Schol. remarks, mostly in the masculine, as representing the poet,—make some reflexions on Providence, and the uncertainty of human affairs. They illustrate their remarks by the fate which has befallen Hippolytus, and they lament the absence of a friend henceforth from his familiar haunts.

ibid. μελεδήμαθ'] 'The care which the gods show for human affairs (i.e. their absolute disposal of them), whenever it comes into my mind for consideration, does much to take away my grief; but when I cherish a secret hope of understanding it I fail, when I regard its action on the fortunes of mortals and on their deeds.' The general meaning is, 'I am consoled by the belief in a Providence, but I am perplexed by the apparent caprice and uncertainty of its dispensations.' This may seem a commonplace; but it is the sum and conclusion of all thought on the dealings of God with man.—λύπας, the partitive genitive.—παραιρεῖ, cf. 1316, ὧν τὴν μίαν παρεῖλες. *Heracl.* 908, τῶν ἀδίκων παραιρῶν φρονήματος ἀεί.

1103. ξύνεσιν] An intelligent view of the way in which Providence acts.—λείπομαι, as sup. 324, ἐν δέ σοι λελείψομαι, 'I am at fault.'—ἐν τύχαις, viz. when I see what ἔργματα meet with what τύχαι.

1108. ἀλλὰ γάρ κ.τ.λ.] '(But all my hopes of understanding it are vain); for things change from one way to another, and men's lives are ever shifting in endless vagaries.'

1111. εἴθε μοι κ.τ.λ.] 'O that Fate would grant to my prayer this boon from heaven,—a lot in life associated with prosperity, and a mind unimpaired by (or in) grief!' Schol. καὶ ἐν κακοῖς ἄφθαρτον καὶ ἀβλαβῆ τὴν ψυχήν. Here the feminine participle is used; but we have λεύσσων again in 1120.

1116. δόξα] 'And may I hold views which are neither too refined (cf. 261), nor on the other hand sham and discredited; but by adapting my habits to suit the morrow, whenever it comes, may I be happy with them through life.' It is hard to say if ἀεὶ is to be construed with χρόνον or with συνευτυχοίην. We have εὐτυχεῖν ἀεὶ sup. 1018. The wish seems to consist in the happy temper that can adapt itself to circumstances, and take things easily, without too much anxiety about attaining perfect happiness in life. Some explain δόξα of reputation rather than of sentiments, with the Schol., μὴ σχῶ μεγάλην δόξαν, μήτε μικράν, ἀλλὰ μέσην καὶ σεμνήν. But one can hardly fail to compare the sentiment referred to in 261, βιότου δ' ἀτρεκεῖς ἐπιτηδεύσεις φασὶ σφάλλειν πλέον ἢ τέρπειν.

1121. καθαρὰν] 'clear,' unmixed with doubt.—παρ' ἐλπίδα, 'these events that have happened beyond my expectation.'—'Αθάνας, the singular noun, after the epic usage. The Schol. cites *Od.* vii. 80, ἵκετο δ' ἐς Μαραθῶνα καὶ εὐρυάγυιαν 'Αθήνην.

1130. ἀμφὶ] 'in attendance upon.'

1131. 'Ενετᾶν] See sup. 231.—Λίμνας, v. 228. The accusative expresses transition over the course; cf. ἀλητεύων χθόνα sup. 1029. A short expression for οὐκέτι ἐπιβήσει (the second person of ἐπιβήσομαι,) πώλους (ἐλαύνων) τρόχον. Schol. οὐκέτι εἰς συζυγίαν 'Ενετᾶν πώλων βήσῃ. It may however be questioned if ἐπιβάσει is not the third person of the transitive future, 'never more shall he set them on the course.' We have ἔναιρεν in 1129, but φυγᾷ σᾷ in 1140. By κατέχων ποδὶ the act of the driver seems described when he pulls back the horses by setting his foot firmly in front of the car, αὐταῖσιν ἀρβύλαισιν ἁρμόσας πόδα, inf. 1189 and 1222, ἱμᾶσιν ἐς τοὔπισθεν ἀρτήσας δέμας. Schol. ἀντιβαίνοντες γὰρ τῷ ποδὶ ἀνακρούουσι τοὺς χαλινούς.

1135. ὑπ' ἄντυγι] 'the music that was kept up by the strings from (or under) the cross-bar of the lute shall henceforth cease in your father's house.' Compare *Alcest.* 343. By ἄντυξ the ζυγὸν is meant, the cross-bar on the lute.

1137. ἀστέφανοι] see sup. 73.—ἀνάπαυλαι, the haunts, resting-places of Latona and her daughter Artemis.

1141. λέκτρων ἅμιλλα] 'Gone too is the rivalry of the maidens to win your hand in marriage.'

1142. σᾷ δυστυχίᾳ] the causal dative; δάκρυσι is the dative of mode or manner.

1145. ἀνόνατα] i.e. μάτην. *Alcest.* 413, ἀνόνατ' ἐνύμφευσας.

1147. μανίω] Schol. ὀργίζομαι, χαλεπαίνω τοῖς θεοῖς.

1148. συζύγιαι] Here the adjective=σύζυγες. The Schol. understands ἔφοροι τῆς συζυγίας, γαμήλιοι. But the *union* of the three goddesses is one of their characteristics, e.g. Hor. *Carm.* iii. 19. 16, 'Gratia nudis juncta sororibus.' These goddesses are invoked as having in their care the ὥρα or youthful beauty of Hippolytus.

1150. οὐδὲν] for οὐδαμῶς. *Prom. V.* 47, πόνων—οὐδὲν αἰτία τέχνη. Cf. 933, 1150, 1382.

1158. Construe, πολίταις οἵ τ' 'Αθ. καὶ οἳ γῆν Τρ. ναίουσι. Schol. πολίτας φησὶ τοῦ Θησέως 'Αθηναίους καὶ Τροιζηνίους· τούτων γὰρ ἀμφοτέρων πολίτης ἐστὶν, ἐκ μὲν πατρὸς 'Αθηναίων, ἐκ δὲ μητρὸς Τροιζηνίων.

1163. ἐπὶ] 'on the slight turn of the scale,' *parvo discrimine. Oed. R.* 961, σμικρὰ παλαιὰ σώματ' εὐνάζει ῥοπή. *Heracl.* 690, σμικρὸν τὸ σὸν σήκωμα προστίθης φίλοις.

1171. πῶς καὶ] This formula, as in *Hec.* 515, is used in asking for information, while καὶ πῶς, καὶ τίς &c. express incredulity, or put the question with irony.

1172. ῥόπτρον] Properly the slip of wood which is made to fall by a creature entering a trap, ἶπος or σκανδάληθρον, Ar. *Ach.* 687. Hesych. τὸ ἐπικαταπίπτον τῆς παγίδος καὶ συλλαμβάνον. καὶ τὸ ἐπίσπαστρον τῆς θύρας. In this latter sense the word occurs *Ion* 1612.

1173. πέλας] The stadium was *near* the wet sea-strand, but on the high and dry fore-shore, sup. 234.

1174. κτενίζειν (κτείς) ψήκτραις is to currycomb the horses, ψάω and ψήχω being specially used of smoothing down hair (sup. 110).

1175. ἦλθε] He explains the cause of their grief. 'A messenger had come telling us that Hippolytus had been sentenced to a miserable exile by you, and would never again set his returning foot on this land.' Cf. 1048.

1179. ὀπισθόπους] See sup. 54. Perhaps the poet wrote ἡλίκων θ' ὁμήγυρις.

1182. ἀλύω] 'Why am I thus distraught with grief?' This word expresses any kind of fatuity, as Aesch. *Theb.* 386, τοιαῦτ' ἀλύων ταῖς ὑπερκόμποις σάγαις.

1186. θᾶσσον ἢ λέγοι τις] The ellipse of ἂν is rare. Cf. *Bacch.* 747, θᾶσσον—ἢ σὺ ξυνάψαις βλέφαρα, where however the MS. Flor. has ἢ σε ξυνάψαι. See sup. 868.

1187. παρ' αὐτὸν] 'quite close to,' i.e. so that he had not to walk to meet them. *Bacch.* 766, κρήνας ἐπ' αὐτὰς, ἃς ἀνῆκ' αὐταῖς θεός.

1188. ἄντυγος] This is not the rail in front, but the curved loop at the back of the car, as is shown by numerous examples in ancient art, as well as by the Homeric accounts, if rightly explained. The driver, on stepping into the car behind, at the same time took hold of the reins which were tied or hooked to the ἄντυξ on each side, δοιαὶ περίδρομοι ἄντυγες, *Il.* v. 728. *Ibid.* 262, ἐξ ἄντυγος ἡνία τείνας.

1189. ἁρμόσας] 'Setting his foot in its place in the car, all booted as he was.' See sup. 1134. The ἀρβύλη was a walking-shoe or boot, perhaps that of a hunter; cf. *Bacch.* 638, 1138; yet the shoe worn by the chorus is called ἀρβύλη in *Orest.* 140. The meaning seems to be that Hippolytus entered the car and drove off at once without stopping to change his shoes. See *Prom. V.* 137, σύθην δ' ἀπέδιλος ὄχῳ πτερωτῷ.

1190. ἀναπτύξας] opening out, i.e. expanding the palms, ἀνατείνας.

1193. ἤτοι κ.τ.λ.] 'At all events when I am dead, if not in my lifetime.'

1194. ἐπῆγε—ὁμαρτῇ] He applied the goad to both steeds at once.

1196] πέλας χαλινῶν] Perhaps the horses were led, by way of compliment to the master. Juv. x. 45, 'niveos ad fraena Quirites.'

1197. εὐθύς] The incorrect use of this word for εὐθὺ, 'straight towards,' shows this verse to be, in all probability, an interpolation.

1198. εἰσβαλεῖν, when intransitive, is chiefly used of hostile invasions. Here we might perhaps supply τὸν δεσπότην or τὸ ἅρμα as the object, 'when we were just getting him into a solitary place.' Cf. *Iph. T.* 261, βοῦς ὑλοφορβοὺς πόντον εἰσεβάλλομεν. But Schol. B. explains it by ἐφθάσαμεν, 'as soon as ever we had got to,'—a poor rendering of the imperfect. For the idiom ἐπεὶ—ἦν τις in narration, cf. *Iph. T.* ut sup., *Bacch.* 1043—1051.

1199. τοὐπέκεινα] 'on yonder side of;' opposed to τοὐπὶ τάδε, 'on this side.' Aesch. *Suppl.* 255, Πίνδου τἀπέκεινα—τῶνδε τἀπὶ τάδε κρατῶ. Schol. ἀντὶ τοῦ πόρρω. The event is described as taking place on the further or Corinthian side of Argolis, in the district called Epidauria. By ἤδη it is merely meant that when they had got so far they commanded a full view of the Saronic gulf in front of them.

1201. χθόνιος βροντή] like the rumbling (earthquake) thunder of the nether Zeus.

1204. νεανικός] 'violent,' σφοδρός. Schol. ἰσχυρὸς, μέγας.

1206. ἱρόν] 'supernatural.'—στηρίζον, intransitive, as *Bacch.* 970, ὥστ' οὐρανῷ στηρίζον εὑρήσεις κλέος.—ἀφῃρέθη, see on 644 sup. Literally, 'My sight had the projecting shores of Sciron (the Scironian rocks, sup. 979) taken from it in respect of beholding it.' The infinitive is added expletively in such sentences, with or without μὴ, τὸ μὴ, or τὸ μὴ οὐκ. If the subject of the verb had been κῦμα, the poet would have said ὥστ' ἀφείλετο κ.τ.λ.

1211. καχλάζον] 'Throwing around much bubbling foam by a sudden spurt of the sea.' The account is that of an ἐπίκλυσις or earthquake-wave, which perhaps is the real origin of the story. In all ages and nations a belief in wonderful sea-monsters has existed among uninformed people.

1213. αὐτῷ κ.τ.λ.] 'At the very moment the surge broke on the shore, and with it the huge wave.'—καὶ τρικυμίᾳ is merely exegetical of κλύδωνι. See *Prom. V.* 1036, οἷός σε χειμὼν καὶ κακῶν τρικυμία ἔπεισ' ἄφυκτος.

1217. κρεῖσσον δεργμάτων] 'too great for mortal eyes to behold,' 'too terrible to see.'

1220. ξυνοικῶν] 'being familiar with the habits of horses.'

1222. ἀρτήσας] He leaned back his body so as to hang its weight on the tightened reins. In this consists the comparison with the oarsman, who throws back the weight of his body in rowing.

1223. ἐνδακοῦσαι] 'taking the forged bit between their teeth,' ἐνδακὼν τὸν χαλινὸν, Plat. *Phaedr.* p. 254 D.

1226. μεταστρέφειν, 'to turn round in quest of something,' implies the paying of regard to a call or summons behind. Hence it takes the genitive in the sense of showing regard to, Schol. φροντίδα ποιούμεναι. So Soph. *Aj.* 90, τί βαιὸν οὕτως ἐντρέπει τῆς συμμάχου;

1228. ὥστ' ἀναστρέφειν] 'so as to turn it back,' viz. on to the rough and rocky ground.—ἐκμαίνων, transitive, as in *Bacch.* 36, πᾶν τὸ θῆλυ σπέρμα—ἐξέμηνα δωμάτων. The verse however here reads like an interpolation. The object of the sea-monster, as sent to do the behest of Poseidon (sup. 887), was to push the car, as it were, by frightening the steeds on to rocky ground where it would be upset, and the driver of it killed. Hence πελάζων ἄντυγι means that it kept coming up close behind, so as to impel the horses forward.

1232. ἀνεχαίτισεν, properly said of a horse dislodging its rider or tossing off its yoke, here refers to the ejecting of the driver from his place in the car.

1233. ἀψῖδα] the periphery or outer rim of the wheel. Compare τεθρίππῳ προσέβαλε, Herod. vi. 70, 'came into collision with a four-horsed car.'

1234. σύριγγες] the hollow axle-boxes. Aesch. *Suppl.* 177, σύριγγες οὐ σιγῶσιν ἀξονήλατοι.—ἐνήλατα 'the linch-pins.'

1237. δυσεξήνυστον] 'difficult to be got clear of.' Compare δυσέκπερατον, sup. 678.

1238. σποδούμενος] 'bruised,' 'knocked to pieces.' *Andr.* 1129, πυκνῇ δὲ νιφάδι πάντοθεν σποδούμενος προὔτεινε τεύχη. To this disaster the name *Hippolytus* bears reference coincidentally with the name of the Amazon Hippolyte, *quasi* ὑφ' ἵππων λυθείς. The accident described was probably frequent in chariot-races; see Soph. *El.* 746, κἀξ ἀντύγων ὤλισθε, σὺν δ' ἑλίσσεται τμητοῖς ἱμᾶσι. Ovid, *Fast.* vi. 743, 'exciderat curru, lorisque morantibus artus Hippolytus lacero corpore raptus erat.'

1247, 8. This distich is perhaps a spurious addition. The epic form ἔκρυφθεν for ἐκρύφθησαν is very rare in Attic, and οὐ κάτοιδ' ὅποι χθονὸς seems a feeble repetition of οὐ κάτοιδ' ὅτῳ τρόπῳ in 1245. Besides, the sudden vanishing of the horses together with the bull seems absurd and unnecessary to the narrative.

1254. πεύκην] This shows that Phaedra had written on a thin piece of wood, σανίς, which is called δέλτος sup. 857, 865, and was fastened with a seal, perhaps tied round with a string and then sealed, περιβολὰς σφραγισμάτων, 864.

ibid. ἐπίσταμαι] 'I have positive knowledge that he is good.'

1256. χρεών, a word of very obscure formation, is here indeclinable.

1260. οὔθ' ἥδομαι κ.τ.λ.] The joy is precisely counterbalanced by the grief, so as to leave, as it were, a neutral impression on the mind.

1261. κομίζειν] This word has a meaning somewhat different from πορεύειν. It implies care in conveying, and is often applied to bringing home a body for interment. So *Oed. Col.* 589, κεῖνοι κομίζειν κεῖσ' ἀναγκάζουσί με. Aesch. *Cho.* 670, εἴτ' οὖν κομίζειν δόξα νικήσει φίλων, εἴτ' οὖν μέτοικον ἐς τὸ πᾶν ἀεὶ ξένον θάπτειν. Eur. *Suppl.* 126, κομίσαι σε, Θησεῦ, παῖδας Ἀργείων θέλων. See *ib.* 25, *Hec.* 222. Another sense is, 'to take care of,' as sup. 1069, ξένους κομίζων, and Aesch. *Cho.* 254, κομίζειν οἶκον. Though not dead (1246), Hippolytus was rightly thought to be past recovery.

1267. δαιμόνων συμφοραῖς] That I may prove to him his guilt by this heaven-sent calamity, or this judgment which has overtaken him.

1268. While the attendants are gone to bring Hippolytus in a litter, the chorus makes a short address to Cypris, which is followed by the apparition of Artemis to explain mistakes and misapprehensions. The *deus ex machina* is one of the favourite devices of Euripides at the close of a play, as in *Androm.*, *Hel.*, *Elect.*, *Suppl.*, *Iph. T.*, *Ion* and *Orestes.*

ibid. ἄκαμπτον] δύσκαμπτον, σκληράν.

1270. ἀμφιβαλών] surrounding his victims, taking them captive, by his nimble wing, i.e. taking them by surprise, and too quickly for them to escape. The word is borrowed from a hunter's net. Like *circumdare*, it takes the double construction, τί τινι and τινά τινι.

1273. θέλγει] 'Love beguiles every one against whom he comes with maddened heart, with wings glittering like gold, be it the offspring of wild beasts that haunt the hills, or creatures of the sea, or such as the earth breeds warmed by the sun's bright eye, or man; for over all these alike thou alone, O Cypris, dost hold a queenly sway.'—σκύλακες, usually applied to the young of dogs, here seems to include those of bears, wolves, lions, &c.—κραδίᾳ, probably in reference to the person inspired by love.

1280, 1. κρατύνειν τιμὰν, a cognate accusative meaning κρατεῖν κράτος. Compare *Ag.* 1447, κράτος—καρδιόδηκτον ἐμοὶ κρατύνεις. Soph. *Phil.* 365, τῶν δ' ὅπλων κείνων ἀνὴρ ἄλλος κρατύνει νῦν, ὁ Λαέρτου γόνος. Aesch. *Suppl.* 366, κρατύνεις βωμὸν ἑστίαν χθονός.

1282. σὲ τὸν κ.τ.λ.] 'You, the high-born son of Aegeus, I bid to hear what I have to say.' Aesch. *Prom.* 965, σὲ τὸν σοφιστὴν—λέγω. Soph. *Ant.* 441, σὲ δή, σὲ τὴν νεύουσαν ἐς πέδον κάρα, sc. ἐρωτῶ.

1286. τοῖσδε] Schol. ταῖς κατὰ τὸν Ἱππόλυτον κακώσεσι.

1289. ἀφανῆ κ.τ.λ.] Schol. εἰργάσω ἀφανῶς καὶ ἀνεξελέγκτως, πεισθεὶς τοῖς ψευδέσι λόγοις τῆς σῆς γυναικὸς, καὶ τοῦτο ποιήσας φανερὰν ἔσχες βλάβην.

1292. μεταβὰς] somewhat laxly used in the sense of μεταβήσας, μεταλλάξας. Similarly *Heracl.* 802, ἐκβὰς ἁρμάτων πόδα.

1294. ἀγαθοῖς is emphasized by the particle, 'Among *good* men you have no part in life that you can maintain.' Cf. *Androm.* 590, σὺ γὰρ μετ' ἀνδρῶν, ὦ κάκιστε κἀκ κακῶν; A poetical way of saying οὐ μετέχεις μέρος κ.τ.λ.

1296. κατάστασιν] 'the present position of your troubles,' i.e. the hopelessness of relieving them, and the revelation concerning them which will only give you pain. For προκόπτειν see sup. 23.

1298. ἐς τόδε] 'for this very purpose, viz. to show,' &c.

1300. οἶστρον] 'The maddening effect of love in your wife, or, in a certain sense, her noble disposition,' i.e. in killing herself to save her reputation. The poet uses γενναιότης again in *Ion* 237, *Phoen.* 1680.—τῆς γὰρ κ.τ.λ., see sup. 28.

1304. γνώμῃ] 'by resolution.'

1305. οὐχ ἑκοῦσα] 'by no fault of hers.'

1308. οὐδ' αὖ κ.τ.λ.] 'Nor on the other hand when made out to be base by you, did he take away from his oath its solemn obligation, being by birth an honourable (or god-fearing) man.' Here ἀφελεῖν is to be distinguished from ἀφελέσθαι, which takes a double accusative. We may also construe ὅρκων πίστιν 'he did not withdraw the pledge of his oath which he had once given.' By κακούμενος he seems to mean κακιζόμενος. Compare κακύνομαι sup. 686.

1315. ἆρ' οἶσθα] 'You remember, don't you? that you had from your father three wishes against your enemies that were to come true. One of these you took from the rest, base man! and used it against your own son, when you might have done so against a foe.'—σαφεῖς, cf. 890.—παρεῖλες, sup. 1103, *Hec.* 591, τὸ δ' αὖ λίαν παρεῖλές ἀγγελθεῖσά μοι γενναῖος.

1318. πατὴρ μὲν οὖν] 'Thus then the sea-god, your father, with good intentions towards you, gave you just what he was bound to give, since he had promised it; but you both in his sight and mine appear base, in that you did not wait for any proof or any declaration of seers, nor made any inquiry of them, nor gave the matter any long consideration, but with greater haste than became you uttered the curse against your son, and so caused his death.' By πίστιν the poet seems to mean πίστωσιν, 'legal proof of the case.'

1329. ἀπαντᾶν] 'to go against,' 'to oppose,' 'to thwart.'

1331. ἐπεί κ.τ.λ.] 'For be well assured, I myself, if I had not stood in fear of Zeus, never would have incurred such discredit as to allow a man, who of all mortals was dearest to me, to die; but, with respect to your share in the fault, in the first place ignorance of the facts sets you free from the charge of baseness; in the next place, the deceased lady left no chance of inquiry by words, and so brought conviction to your mind.'—ἀναλῶσαι, properly to expend or use up (sup. 506), here bears a correlative meaning, to leave nothing behind,—to render impossible all verbal refutation of the charge.

1340. χαίρουσι] Verbs of rejoicing and the contrary often take an accusative of the object. So Aesch. *Theb.* 810, χαίρειν πόλιν εὖ πράσσουσαν.

1343. σάρκας νεαράς] So σάρκας γεραιὰς in *Med.* 1217.

1346. δίδυμον πένθος] a two-fold mourning, viz. for Phaedra and Hippolytus.——καταληπτὸν, 'got from the gods;' more usually grief is said καταλαβεῖν τινα than a man is said καταλαβεῖν λύπην. Hence the verbal may perhaps bear an active sense, 'overtaking it,' viz. the palace.

1350. χρησμοῖς] Schol. B αἰτήσεσι, as if he derived the word from χρῄζω. Hesychius has χρησμός· τιμωρία, which might refer to this passage, if we read χρησμοῖς· τιμωρίᾳ. In Aesch. *Ag.* 1545, ἐς τόνδ' ἐνέβης ξὺν ἀληθείᾳ χρησμὸν, the sense is 'a law of retribution.'

1354. ἀναπαύσω] 'let me rest my weary body.' The hortative subjunctive, as sup. 178, 567.

1360. δεξιά] for ἐκ δεξιᾶς, the dative being that of relation to or respect of the object. There were variants δεξιᾷ, ἐν δεξιᾷ, and ἐνδέξια. The latter is the epic usage (e.g. *Il.*

vii. 184), but it violates the pause almost invariably observed in anapaestic systems.

1361. *πρόσφορα*] Cf. 112. For *προσφόρως*, Schol. *προσεχόντως*, 'carefully,' lit. 'in a manner suited to my condition.'—*συντονα*, 'simultaneously.' Thus Hercules, *Trach.* 1024, exclaims *τᾷδέ με τᾷδέ με πρόσλαβε κουφίσας.*

1362. *κατάρατον*] 'The victim of a curse through my father's mistake.'

1365. *ὑπερσχών*] 'surpassing.' Aesch. *Pers.* 705, *ὦ βροτῶν πάντων ὑπερσχὼν ὄλβον εὐτυχεῖ πότμῳ.* See also *Prom. V.* 221.

1368. *τῆς εὐσεβίας*] a genitive of price or equivalence, 'for the god-fearing life I have shown to men.'

1371. *βαίνει με*] See sup. 841.

1374. *προσαπόλλυτε*] It is not clear if this is the imperative, which however would be the aorist according to the ordinary usage. The second person of the present tense means 'You are killing me (by giving me pain) more than I am fatally hurt by the fall' (*πρός*).

1375. *ἀμφιτόμου*] 'I long for a two-edged lance (or sword) to cut me to pieces.' Cf. *Hec.* 1075, *τέκν' ἔρημα λιπὼν βάκχαις Ἅιδου διαμοιρᾶσαι.* Aesch. *Ag.* 1472, *δολίῳ μόρῳ δαμεὶς ἐκ χερὸς ἀμφιτόμῳ βελέμνῳ.*

1377. *εὐνᾶσαι*] Soph. *Trach.* 1005, *ἐᾶτέ μ', ἐᾶτέ με δύσμορον εὐνάσαι.*

1379. The *τε* couples *ἐξορίζεται* with *ἔμολε*, 1382. Schol. *ἀπὸ τοῦ ὅρου ἐκείνων εἰς ἐμὲ ἔρχεται τὸ τῶν πρόγονων μύσος· ἀναφέρει δὲ καὶ ἐπὶ τὸν τῶν Παλλαντιδῶν φόνον.* More probably the reference is to Tantalus and Pelops, from whom Aethra, the mother of Theseus, and daughter of Pittheus, was descended. See sup. 831. 'The evil deeds of blood-stained relations, my forefathers of old, are passing beyond their original limits and linger not in their course; on me they have come, O why? when I am in no wise the cause of the evil.' *οὐδὲν*, cf. sup. 933.

1386. *ἀναλγήτου*] Perhaps *ἀνάλγητον*, 'so as to feel no more pain from this suffering.' It is difficult to make any sense of the genitive, which the Schol. wrongly explains by *πολυαλγήτου.*

1391. *ὀδμῆς*] The presence of a divinity was thought to be indicated by a fragrance. So *Prom. V.* 115, *τίς ἀχώ, τίς ὀδμὰ προσέπτα μ' ἀφεγγής;* In the very beautiful scene which concludes this noble tragedy, Artemis is *ἄποπτος*, visible to the spectators, but hovering over the stage so as not to be seen by the actors upon it.

1396. *οὐ θέμις*] As the sister of Apollo, the god of joy and brightness, she might not give way to grief. Cf. inf. 1437.

1401. *φρονῶ*] Schol. *ἐννοῶ.*

1402. ἐμέμφθη] 'She was dissatisfied with the honour paid to her, and was vexed at his chastity.' See sup. 102, seqq. Valckenaer compares *Il.* i. 93, οὔτ' ἄρ' ὅγ' εὐχωλῆς ἐπιμέμφεται οὐδ' ἑκατόμβης.

1409. ἢ 'μέ] for ἐμαυτὸν, as in *Andr.* 256, ἀλλ' οὐδ' ἐγὼ μὴν πρόσθεν ἐκδώσω μέ σοι. *Iph. A.* 677, ζηλῶ σε μᾶλλον ἢ 'μὲ τοῦ μηδὲν φρονεῖν.

1415. ἀραῖον] 'O that the race of mortal men could bring a ban upon the gods!' i.e. as easily as they can upon men. Schol. εἴθε ἦν καταρᾶσθαι ἄνθρωπον θεῷ, ἵνα ἀμυνήται τὸν Ποσειδῶνα ὑπὸ καταρῶν τοῖς θεοῖς. The adjective has an active sense also in *Med.* 608, καὶ σοῖς ἀραία γ' οὖσα τυγχάνω δομοις. *Iph. T.* 778, ἢ σοῖς ἀραία δώμασιν γενήσομαι.

1416. ἔασον] 'never mind,' i.e. think not of retribution, which will surely come by my hand, by the death of Adonis in hunting.—ἄτιμοι, 'unpunished,' Schol. ἀτιμώρητοι. Aesch. *Ag.* 1250, οὐ μὴν ἄτιμοί γ' ἐκ θεῶν τεθνήξομεν.—ὀργαὶ ἐκ προθυμίας, the consequences of the anger resulting from the zeal of the goddess Cypris in maintaining her own prerogatives. Sup. 438, ὀργαὶ δ' ἔς σ' ἐπέσκηψαν θεᾶς. The accusative (ὑπὸ ζόφον) shows that this clause depends in construction on κατασκήψουσιν. But the sense is, 'Her anger shall not fall on you without meeting a requital, even after you have been lost to this world.' The notion is, that punishment usually overtakes crimes speedily.

1420. ἄλλον αὐτῆς] 'another belonging to her,' viz. Adonis.—μάλιστα φίλτατος, cf. μέγιστον ἐχθίστη γύναι, *Med.* 1323.

1425. τιμὰς δώσω] Compare *Med.* 1382, *Iph. T.* 960.

1427. καρπουμένῳ] 'You shall reap as a reward or return for all your suffering, the meed of their tears.' This shows that the cult of Hippolytus was one of those in which the tribute of grief was paid in plaintive songs, as to Linus, Bormus, Maneros, Adonis, &c. See K. O. Müller, *Hist. Gr. Lit.* chap. 3. Pausan. ii. 32. 1.

1436. ἔχεις μοῖραν] The meaning is, the accident you are perishing by was fated; for ἔχει μοῖραν θάνατος ᾧ διεφθάρης. See sup. 988.

1437. οὐ θέμις] See sup. 1396.

1441. ῥᾳδίως] This conveys a gentle reproach to the goddess for not giving way to her grief at parting. Cf. Plat. *Phaed.* p. 63 A, οὕτω ῥᾳδίως φέρεις καὶ ἡμᾶς ἀπολείπων καὶ ἄρχοντας ἀγαθοὺς, ὡς αὐτὸς ὁμολογεῖς, θεούς.

1445. κατόρθωσον] 'set me erect,' i.e. let me sit up in the couch. Sup. 786, it seems to mean 'set straight.'

1448. ἄναγνον] 'with the guilt of murder upon it.'

1456. καρτέρει] 'take heart,' 'bear up against your pains.' The reply is, 'There is no more taking heart for me.' This use of the perfect passive is more common in verbs compounded with διά, as in Aesch. *Theb.* 1050, ἤδη τὰ τοῦδε διατετίμηται θεοῖς. Aesch. *frag.* 263, διαπεφρούρηται βίος. *Pers.* 710, διαπεπόρθηται τὰ Περσῶν πράγματα. Thuc. vi. 91, διαπεπειρᾶσθαι, *ib.* vii. 14, διαπεπολεμήσεται.

1464. πίτυλος] an outburst, a gush of tears. So *Alc.* 798, πίτυλος ἐμπεσὼν σκύφου.

1465. τῶν γὰρ μεγάλων] 'The talk of people about the great, and the saying that they deserve to be mourned, prevails (with the multitude more than it does about the insignificant).' The sentiment is similar in *Aj.* 154, τῶν γὰρ μεγάλων ψυχῶν ἱεὶς οὐκ ἂν ἁμάρτοι. With κατέχουσιν we may supply τοὺς πολίτας.

THE END.